全国中等职业技术学校汽车类专业通用教材

Qiche Weixiu Anli Fenxi
汽车维修案例分析

（第二版）

王　征　主编
王　晶　主审

人民交通出版社股份有限公司
China Communications Press Co.,Ltd.

内 容 提 要

本书是全国中等职业技术学校汽车类专业通用教材,依据《中等职业学校专业教学标准(试行)》以及国家和交通行业相关职业标准编写而成。主要内容包括：绪论、汽车发动机故障案例分析、汽车底盘故障案例分析、汽车车身电气及附属电气设备故障案例分析、电动汽车故障案例分析,共计4个单元。

本书供中等职业学校汽车类专业教学使用,亦可供汽车维修相关专业人员学习参考。

图书在版编目(CIP)数据

汽车维修案例分析 / 王征主编. —2版. —北京：
人民交通出版社股份有限公司, 2018.7
ISBN 978-7-114-14695-4

Ⅰ.①汽… Ⅱ.①王… Ⅲ.①汽车—车辆修理—案例—中等专业学校—教材 Ⅳ.①U472.4

中国版本图书馆 CIP 数据核字(2018)第 096913 号

全国中等职业技术学校汽车类专业通用教材

书　　名：	汽车维修案例分析(第二版)
著 作 者：	王　征
责任编辑：	闫东坡
责任校对：	尹　静
责任印制：	张　凯
出版发行：	人民交通出版社股份有限公司
地　　址：	(100011)北京市朝阳区安定门外外馆斜街3号
网　　址：	http://www.ccpress.com.cn
销售电话：	(010)59757969,59757973
总 经 销：	人民交通出版社股份有限公司发行部
经　　销：	各地新华书店
印　　刷：	北京市密东印刷有限公司
开　　本：	787×1092　1/16
印　　张：	12.5
字　　数：	294 千
版　　次：	2007 年 7 月　第 1 版 2018 年 7 月　第 2 版
印　　次：	2018 年 7 月　第 2 版　第 1 次印刷　累计第 6 次印刷
书　　号：	ISBN 978-7-114-14695-4
定　　价：	30.00 元

(有印刷、装订质量问题的图书由本公司负责调换)

第二版前言
PREFACE

　　为适应社会经济发展和汽车运用与维修专业技能型紧缺人才培养的需要,交通职业教育教学指导委员会汽车(技工)专业指导委员会于2004年陆续组织编写了汽车维修、汽车电工、汽车检测等专业技工教材、高级技工教材及技师教材,受到广大中等职业学校师生的欢迎。

　　随着职业教育教学改革的不断深入,中等职业学校对课程结构、课程内容及教学模式提出了更高的要求。《教育部关于深化职业教育教学改革全面提高人才培养质量的若干意见》提出:"对接最新职业标准、行业标准和岗位规范,紧贴岗位实际工作过程,调整课程结构,更新课程内容,深化多种模式的课程改革"。为此,人民交通出版社股份有限公司根据教育部文件精神,在整合已出版的技工教材、高级技工教材及技师教材的基础上,依据教育部颁布的《中等职业学校汽车运用与维修专业教学标准(试行)》,组织中等职业学校汽车专业教师再版修订了全国中等职业技术学校汽车类专业通用教材。

　　此次再版修订的教材总结了全国技工学校、高级技工学校及技师学院多年来的汽车专业教学经验,将职业岗位所需要的知识、技能和职业素养融入汽车专业教学中,体现了中等职业教育的特色。教材特点如下:

　　1. "以服务发展为宗旨,以促进就业为导向",加强文化基础教育,强化技术技能培养,符合汽车专业实用人才培养的需求;

　　2. 教材修订符合中等职业学校学生的认知规律,注重知识的实际应用和对学生职业技能的训练,符合汽车类专业教学与培训的需要;

　　3. 教材内容与汽车维修中级工、高级工及技师职业技能鉴定考核相吻合,便于学生毕业后适应岗位技能要求;

　　4. 依据最新国家及行业标准,剔除第一版教材中陈旧过时的内容,教材修订量在20%以上,反映目前汽车的新知识、新技术、新工艺;

　　5. 教材内容简洁,通俗易懂,图文并茂,易于培养学生的学习兴趣,提高学习效果。

　　《汽车维修案例分析》是汽车运用与维修专业课之一,教材主要内容包括:绪论、汽车发动机故障案例分析、汽车底盘故障案例分析、汽车车身电气及附属电气设备故障案例分析、电动汽车故障案例分析,共计4个单元。本书由天津优耐特教育科技有限公司王征担任主编，车戴夫在线（天津）信息技术有限公司王晶担任主审。教材编写分工为：天津优耐特教育科技有限公司王征编写绪论，单元一案例4，单元二案例2，单元三案例1、案例5，单元四，并负责全书的统稿；天津市北信中乒之星汽车销售服务有限公司于长亮编写单元一案例1、案例2，单元二案例1，单元三案例3；天津港保税区合兴创业国际贸易有限公司英菲迪尼特约维修站蔺锡东编写单元一案例3、案例5、案例6，单元二案例5；天津港保税区捷丰国际贸易有限公司奥迪特约维修站胡德锋编写单元二案例3、案例4，单元三案例2、案例5；天津优耐特教育科技有限公司王永编写单元二案例5，单元三案例2、案例4；天津市优耐特汽车电控技术服务有限公司韩鹏编写全部案例的复习与思考题。

限于编者经历和水平，教材内容难以覆盖全国各地中等职业学校的实际情况，希望各学校在选用和推广本系列教材的同时，注重总结教学经验，及时提出修改意见和建议，以便再版修订时改正。

编 者
2018年5月

目录 CONTENTS

绪论 ·· 1
  课题1　术语和定义 ·· 1
  课题2　汽车故障诊断的一般流程与分析方法 ······································ 3
  课题3　汽车故障诊断的四个基本原则 ·· 36

单元一　汽车发动机故障案例分析 ·· 38
  案例1　发动机不能起动的故障案例分析 ·· 38
  案例2　发动机起动困难的故障案例分析 ·· 47
  案例3　发动机怠速不稳的故障案例分析 ·· 55
  案例4　发动机加速不良的故障案例分析 ·· 68
  案例5　发动机自动熄火的故障案例分析 ·· 72
  案例6　发动机加速抖动的故障案例分析 ·· 74

单元二　汽车底盘故障案例分析 ··· 78
  案例1　电控转向系统转角数据丢失的故障案例分析 ···························· 78
  案例2　自动变速器无高速挡的故障案例分析 ····································· 88
  案例3　自动变速器能推行着车的故障案例分析 ·································· 92
  案例4　帕萨特领驭多个制动相关系统报警的故障案例分析 ··················· 98
  案例5　ABS控制器的故障案例分析 ·· 108
  案例6　重型载货汽车吃胎的故障案例分析 ··· 113

单元三　汽车车身电气及附属电气设备故障案例分析 ······································· 123
  案例1　手动空调系统无低速风的故障案例分析 ·································· 123
  案例2　自动空调系统无法换风的故障案例分析 ·································· 129
  案例3　气囊电路搭铁致气囊报警灯常亮的故障案例分析 ····················· 138
  案例4　安全气囊(SRS)典型故障诊断与实训组织 ································ 143
  案例5　车身控制模块(BCM)故障案例分析 ·· 154

单元四　电动汽车故障案例分析 ··· 159
  案例1　电动汽车无法起动的故障案例分析 ·· 159
  案例2　电动汽车行驶异响的故障案例分析 ·· 166
  案例3　电动汽车动力蓄电池报警的故障案例分析 ······························ 171
  案例4　电动汽车充电系统的故障案例分析 ·· 176
  案例5　电动汽车高压互锁的故障案例分析 ·· 185

绪 论

课题1 术语和定义

一、汽车维修国家标准和行业法规

标准是规范性文件之一。其定义是为了在一定的范围内获得最佳秩序,经协商一致制定并由公认机构批准,共同使用和重复使用的一种规范性文件。而汽车维修国家标准是在全国汽车维修行业内,为了获得最佳秩序经协商一致制定,并由中国国家标准化管理委员会批准,共同使用和重复使用的汽车维修行业规范性文件。标准又分为强制性标准和推荐性标准两种,我国与汽车维修相关的国家标准及行业标准共有160余个。除此之外,还有交通运输部部令、行业法规、地方法规等,如《机动车维修管理规定》(交通运输部令2016年第37号)、《道路运输车辆技术管理规定》(交通运输部令2016年第1号),就是以国务院部级行政命令形式发布的行业管理规定,是必须遵照执行的,它们与标准一起共同构成了我国汽车维修行业规范性文件。全国汽车维修标准化技术委员会(SAC/TC247)秘书处设在交通运输部公路科学研究院。

二、术语和定义

新修订的《汽车维修术语》(GB/T 5624)规定了汽车维修专用的或常用的术语及其定义。该标准适用于汽车维修及相关领域。与本教材相关的术语和定义如下。

汽车故障(vehicle failure)是指汽车部分或完全失去工作能力的现象。按汽车丧失工作能力的范围,汽车故障可分为完全故障与局部故障。完全故障(complete failure)是指汽车完全丧失工作能力,不能行驶的故障。局部故障(partial failure)是指汽车部分丧失工作能力,即降低了使用性能的故障。

按汽车丧失工作能力的程度,汽车故障可分为致命故障、严重故障、一般故障和轻微故障四类。致命故障(critical failure)是指危及人身安全,引起主要总成报废,造成重大经济损失或对周围环境造成严重危害的故障。严重故障(major failure)是指影响行车安全,引起主要零部件、总成严重损坏,不能用易损备件和随车工具短时间内排除的故障。一般故障(general failure)是指不影响行车安全,非主要零部件故障,可用备件或随车工具在较短时间内排除的故障。轻微故障(minor failure)是指对汽车正常运行基本没有影响,不需要更换零件,可用随车工具较容易排除的故障。

按故障发展过程分类,故障可分为突发性故障和渐发性故障。突发性故障是指故障突然发生,在发生故障之前没有任何表明要发生故障的迹象。其特点是技术性能参数产生跃变,在任何时候都可发生。渐发性故障是指汽车或总成由正常使用状况逐渐转化为故障状况。

按故障产生的原因分类,故障可分为设计原因引起的故障、制造原因引起的故障、使用原因引起的故障和不正确检修引起的故障。

按故障出现的周期分类,故障可分为短周期故障、中周期故障和长周期故障。

按故障影响汽车使用性能的情况分类,故障可分为功能性故障和参数性故障两种。功能性故障是指不能继续完成本身的功能,如 ABS/EBD 制动抱死跑偏、发动机不能起动运行、自动挡汽车不能升入超速挡等;参数性故障是指性能参数达不到规定的指标,如汽车动力性能下降、换挡困难、耗油量增加、尾气排放恶劣等。随着汽车电子产品的增多,特别是 CAN 总线技术在汽车上的广泛应用,汽车功能性故障和参数性故障往往交织在一起,由于某个总成部件发生功能性故障,而影响到其他总成部件发生参数性故障,汽车电子系统的"故障运行模式",或者叫"备用模式"就是很好的例证。

根据新修订的国家标准《汽车维修术语》(GB/T5624),故障模式(failure mode)是指汽车故障的表现形式。汽车故障模式主要有下列类型:损坏、退化、松脱、失调、堵塞、渗漏、性能衰退和功能失效等。损坏型故障模式(damaged failure mode)是指包括但不限于断裂、碎裂、开裂、点蚀、烧蚀、击穿、变形、拉伤、龟裂、压痕等故障现象。退化型故障模式(degenerate failure mode)是指包括但不限于老化、剥落、异常磨损等故障现象。松脱型故障模式(oose failure mode)是指包括但不限于松动、脱落等故障现象。失调型故障模式(offset failure mode)是指包括但不限于压力失调、间隙超差、行程失调、干涉、卡滞等故障现象。堵塞与渗漏型故障模式(blocking and leakage failure mode)是指包括但不限于堵塞、气阻、漏气、漏油(水)、渗油(水)等故障现象。性能衰退或功能失效型故障模式(performance degradation or functional failure mode)是指包括但不限于性能衰退、功能失效、公害限值超标、异响、过热等故障现象。

故障树(fault tree)是表示故障因果关系的逻辑分析图。故障码(fault code)即故障代码是汽车诊断中用以显示故障特征的数字符号。故障率(failure rate)是指使用到某行程的汽车,在该行程后单位行程内发生故障的概率。汽车故障率是用以表示汽车总体可靠性的数量指标,它是一个表示汽车发生故障概率的瞬时变化率的指标。

汽车检测(vehicle detection)是指确定汽车技术状况或工作能力的检查。汽车检测作业(detection operation of vehicle)是指汽车检测过程中的技术操作。汽车检测参数(detection parameters of vehicle)是指检测用的汽车技术状况参数。汽车检测技术规范(detection norms of vehicle)是指对汽车检测作业技术要求的规定。

汽车诊断(vehicle diagnosis)是指在不解体(或仅卸下个别零件)的条件下,确定汽车技术状况,查明故障部位及原因的检查。汽车诊断作业(diagnostic operation of vehicle)是指在汽车诊断过程中的技术操作。汽车诊断参数(diagnostic parameters of vehicle)是指诊断用的汽车、总成、机构及部件的技术状况参数。汽车诊断设备(diagnostic equipment of vehicle)是指完成汽车诊断作业所用的设备。汽车诊断技术规范(diagnostic norms of vehicle)是对汽车诊断作业技术要求的规定。

车载诊断系统(on board vehicle diagnosis)即随车诊断系统(OBD),属汽车电控系统的自诊断系统,具有实时监视、储存故障码及交互式通信功能。远程故障诊断(remote failure diagnosis)是指在汽车起动时,采用智能化手段远程获取汽车故障信息进行诊断。在线故障诊断(On-line fault diagnosis)是指在汽车智能网联新技术形式下,利用互联网对运行中的车辆进行故障诊断和实时监测。汽车技术状况(vehicle technical condition)是指定量测得的表征某一时刻汽车外观和性能的参数值的总和。汽车维修(vehicle maintenance and repair)是对汽车维护和修理的泛称。

新修订的《电动汽车术语》(GB/T 19596—2017)界定了电动汽车相关的术语及定义。该标准适用于电动汽车整车、驱动电机系统、可充电储能系统及充电机。与汽车维修案例分析相关的电动汽车术语和定义主要如下。

电动汽车(electric vehicle;EV)是指驱动能量完全由电能提供的、由电机驱动的汽车。电机的驱动电能来源于车载可充电储能系统或其他能量储存装置。驱动电机(drive motor)是指为车辆行驶提供驱动力的电动机。动力蓄电池(traction battery;propulsion battery)是指为电动汽车动力系提供能量的蓄电池。充电插头、插座(charging plug,outle)是指电动汽车充电用的插头、插座。维护插接器(service plug)是指当维护和更换动力蓄电池时断开电路的装置。剩余电量显示器(residual capacity gauge)是指显示动力蓄电池剩余电量的仪器。制动能量回收指示器(electric regeneration indicator)是指显示电制动系统能量回收强弱的装置。

恢复车辆完好的技术状况,是汽车维修和故障诊断的首要目标。随着汽车技术的飞速发展,特别是电子技术、计算机技术、互联网技术在汽车上的广泛应用,汽车故障诊断正从传统的眼观、耳听、鼻闻、手摸、隔离、试探和比较等经验诊断方式,发展为以数字化、集成化和智能化的诊断设备为辅助手段,以信息技术和互联网络为依托的系统完整的现代汽车故障诊断技术体系。

课题2 汽车故障诊断的一般流程与分析方法

一、汽车故障诊断的一般流程

1. 用户调查

详细询问汽车用户:汽车故障产生的时间、现象、周期、频率以及对于车辆行驶性能带来的影响,发生故障时的情况以及是否经过检修、拆卸等。用户调查是汽车故障诊断的首要环节,也是进行初步诊断确定检修方向的主要依据。在用户调查过程中,要想方设法引导用户多说话,用户尽可能多地描述故障现象,对于快速准确判断故障是很有帮助的。

2. 外观检视

外观检视也叫"初步诊断"或"直观检查",必要的时候还要对车辆进行路试。外观检视用于初步确定出故障范围及故障部位。汽车用户或驾驶员不可能个个都是汽车维修行家,其对故障的描述,往往带有很多个人心理因素与片面性、局限性。比如,有些车主始终觉得自己的车就是要比别人同型号的车费油;有的行驶异响明明是后桥异响,他认为是自动变速器异响,要求做自动变速器大修。通过直观检查,印证用户故障描述是否准确,故障是否真实存在,建立第一印象,为下一步仪器、设备检查做准备。还有一些电控系统故障是由于真空管路脱落、龟裂,电器插头松脱,线路折断等简单原因造成的,可通过直观检查直接诊断并排除这些故障。

3. 检查电控单元故障码

外观检视后,在针对故障进行全面检查、测试之前,首先使用故障诊断仪检查电控单元内的故障存储器是否存有故障码,以确定大致的故障方位、需要检查的部位以及需要使用的工具、仪器和设备等,为进一步全面检查做准备。根据"代码优先"的原则,故障代码检查是汽车故障诊断的重要内容,不是在看到故障灯点亮了才需要检查故障代码,因为①不是所有的故障发生后故障指示灯都会亮;②有些车型仪表板根本就没有设置故障指示灯,如一汽大众和上海大众的许多车型是没有发动机故障指示灯的;③第二代以上随车故障诊断系统(OBD Ⅱ)有间歇故障记录功能,即信号短暂丢失后又迅速恢复了,此时故障灯不亮,但ECU会作为"历史故障"记录故障码,以便下一次检修时提醒维修人员应该重点检修该部位。

4. 动态数据流分析

动态数据流分析是指在发动机运行或车辆行驶过程中,使用故障诊断仪的数据分析功能,对发动机或其他总成现实运行工况中显示的各个数据进行比较分析的操作过程。它主要用于印证用户调查的真实性、准确性,印证外观检视、直观判断和故障码检查的真实性,检查分析整个电控系统包括机械系统工作是否正常等,个别情况下也用于直接判明故障。动态数据流分析是汽车故障诊断和车辆维护作业中重要的技术分析手段。

5. 电路分析

电路分析是根据外观检视、故障码分析和动态数据流分析的结果,使用电路图明确电控系统的连接关系、工作关系、位置关系,进一步确定检查方向与检查部位,为使用万用表、示波器具体测量做准备。电路分析和检查往往能够直接判明故障方向,是汽车电控系统故障诊断的重要步骤。

6. 波形分析

波形分析是使用一般的频谱分析仪或汽车专用的示波器,将汽车电控系统动态的电参数转换成图形加以分析的一种分析方法。汽车示波器一般都具备万用表功能,示波器与万用表相比,具有更为精确与描述细致的优点,万用表通常只能用一两个电参数来反映电信号的特征,而示波器则用电压随时间变化而变化的图形来反映一个或同时显示多个电信号,比万用表显示更形象、更准确、更清晰。波形分析结果可直接用来确定汽车电子部件的功能与工作状态,如在氧传感器正常的前提下,通过对氧传感器反馈波形进行分析,即可判断发动机系统的整体工作情况,包括点火系、喷油系、配气系和汽缸压力等方面的问题。对于目前许多汽车装备的CAN总线系统,波形分析也是用于检查CAN总线链路故障的主要手段。

7. 万用表测试

万用表测试是使用一般万用表或汽车专用万用表对汽车电器电路中的电阻、电压、频率、脉宽、占空比和电路的导通性等进行测量的一种操作方法。万用表测试是汽车电器电路检修中最常用、最简便的一种操作方法,如测量电路的导通,检测熔断丝、继电器等电子元器件,利用传感器、执行器的工作原理与工作特性对传感器、执行器进行部件测试等,也是最终确认电控系统故障点的常用方法。

8. 编制《进厂检验单》

根据国家标准《汽车维护、检测、诊断技术规范》(GB/T 18344—2016)，二级维护前应进行进厂检测，依据进厂检测结果进行故障诊断并确定附加作业项目。二级维护作业过程中发现的维修项目也应作为附加作业项目。进厂检测包括规定的检测项目以及根据驾驶员反映的车辆技术状况确定的检测项目。《进厂检验单》是建立在初步检查与诊断分析基础上的，它是维修派工的依据，也可作为《检修报告》使用，是车辆维修档案构成的重要组成部分。《进厂检验单》是根据用户调查、外观检视、道路行驶试验和其他初步检测的结果填制的表单，与维修车间派工、工具器材准备、备件库备件准备以及初步确定维修工时与工费直接关联，也是与用户签订《维修合同》并确定维修工料费用的主要依据。

9. 实施维修作业

维修或更换，并根据维修量与维修额的大小以及维修情况视情编制《过程检验单》。一般情况下，一级维护以下和轻微故障等小型作业项目不需要填制维修过程检验单，但二级维护、总成修理和整车修理作业项目都要填制《过程检验单》，它也是车辆维修档案构成的重要组成部分。无论是对于机械维修还是汽车电子系统检查维修，《过程检验单》用于检查记录维修过程情况并发现新的问题，是确定维修附加作业项目和追加维修费用的依据。根据国家标准《汽车维护、检测、诊断技术规范》(GB/T 18344—2016)，二级维护过程中应进行过程检验，二级维护作业完成后应进行竣工检验。竣工检验合格的车辆，由维护企业签发维护竣工出厂合格证。

对于汽车电控系统的故障，先读出故障码，根据查出的故障内容按故障码显示的故障范围进行检修，尤其注意接头是否松动、脱落，导线连接是否正确。检修完毕，应验证故障是否确已排除，如读不出故障码，或者读出后查不到故障内容，则根据故障现象，大致判断出故障范围，采用逐个检查元件工作性能的方法加以排除，并填写《过程检验单》。

对于机械维修则根据《进厂检验单》的初步结论，检查验证，实施维修作业，填写《过程检验单》，记录维修过程并明确是否发现新的问题，是否需要追加作业项目等。

10. 验车并编制《竣工检验单》

维修作业完成以后，由质量检验人员验车、填写《竣工检验单》并归档。《竣工检验单》是检验维修作业合格并最终确定维修费用结算的依据，也是车辆维修档案构成的重要组成部分。一般车辆一级维护以下和轻微故障等小型作业项目可以不单独填制《竣工检验单》，而使用一单式的《车辆维(检)修单》，但对于二级维护、总成修理和整车修理等作业，则必须填制《竣工检验单》，签发《竣工合格证》。根据《机动车维修管理规定》(交通运输部令 2016 年第 37 号)第三十二条，机动车维修经营者对机动车进行二级维护、总成修理、整车修理的，应当实行维修前诊断检验、维修过程检验和竣工质量检验制度。第三十三条，机动车维修竣工质量检验合格的，维修质量检验人员应当签发《机动车维修竣工出厂合格证》；未签发机动车维修竣工出厂合格证的机动车，不得交付使用，车主可以拒绝交费或接车。第三十四条，机动车维修经营者应当建立机动车维修档案，并实行档案电子化管理。维修档案应当包括：维修合同(托修单)、维修项目、维修人员及维修结算清单等。对机动车进行二级维护、总成修理、整车修理的，维修档案还应当包括：质量检验单、质量检验人员、竣工出厂合格证(副本)等。表 0-1 是 GB/T 18344—2016 给出的二级维护、总成修理和整车修理竣工检验单样式。图 0-1 是 GB/T 18344—2016 给出的二级维护、总成修理和整车修理流程图。

二级维护、总成修理和整车修理竣工检验单   表 0-1

合同编号＿＿＿＿

托修方				车牌号		车型		
		项目	评价	项目	评价	项目		评价
外观状况		清洁		发动机装备		离合器		
		紧固		转向机构		变速器、传动轴、主减速器		
		润滑		轮胎		牵引连接装置和锁止机构		
		密封		悬架		前照灯		
		附属设施		减振器		信号指示装置		
		发动机工作状况		车轿		仪表		
故障诊断		车载诊断系统(OBD)故障信息		□无　□有　故障信息描述：＿＿＿＿＿＿＿＿				评价
性能检测		转向盘最大自由转动量(°)	评价：		转向轮横向侧滑量(m/km)	第一转向轴： 第二转向轴：		评价 评价
	制动性能	车轴		一轴	二轴	三轴	四轴	五轴　六轴
		台架	轴制动率(%)	结果				
				评价				
			制动不平衡率(%)	结果				
				评价				
		整车参数	项目	整车制动率(%)			驻车制动率(%)	
			结果					
			评价					
	路试	初速度(km/h)＿＿	参数	制动距离(m)		MFDD(m/s²)		制动稳定性
			结果					
			评价					
	前照灯性能	参数	灯高(mm)	远光光强(cd)		远光偏移(mm/10m)		近光偏移(mm/10m)
				结果(cd)　评价		垂直　评价　水平　评价		垂直　评价　水平　评价
		左外						
		左内						
		右外						
		右内						
	排气污染物	汽油车	急速	CO(%)：		HC(×10⁻⁶)：		评价
			高急速	CO(%)：		HC(×10⁻⁶)：		评价
		柴油车	自由加速	光吸收系数(m⁻¹)： ①　②　③		平均(m⁻¹)：		评价
				烟度值(BSU)：①　②　③		平均(BSU)：		评价

检验结论：

检验员签字：　　　　　　　　　　年　月　日

注：1. 检验数据在"结果"栏填写，合格在"评价"栏划"○"，不合格在"评价"栏划"×"，无此项目填"/"。

2. 制动性能检验选择"台架"或"路试"。路试制动性能采用"制动距离"或"充分发出的平均减速度 MFDD"评价。

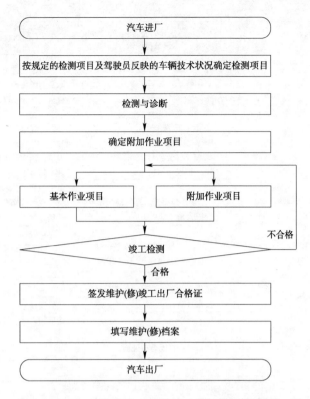

图 0-1　二级维护、总成修理和整车修理流程图

根据《机动车维修管理规定》(交通运输部令 2016 年 37 号)第五十二条规定,机动车维修经营者签发虚假或者不签发机动车维修竣工出厂合格证的,由县级以上道路运输管理机构责令改正;有违法所得的,没收违法所得,处以违法所得 2 倍以上 10 倍以下的罚款;没有违法所得或者违法所得不足 3000 元的,处以 500 元以上 2 万元以下的罚款;情节严重的,由许可机关吊销其经营许可;构成犯罪的,依法追究刑事责任。图 0-2、图 0-3 是《机动车维修管理规定》(交通运输部令 2016 年第 37 号)给出的机动车维修竣工合格证样图。

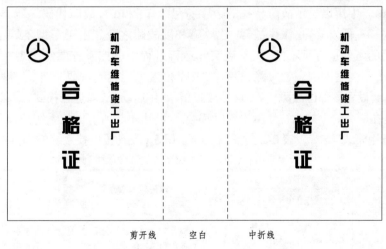

图 0-2　机动车维修竣工出厂合格证正面

NO.00000000
存根

托修方________
车牌号码________
车型________
发动机型号/编号________
底盘(车身)号________
维修类别________
维修合同编号________
出厂里程表示值________

该车按维修合同维修，经检验合格，准予出厂。

质量检验员：(盖章)
承修单位：(盖章)
进厂日期： 出厂日期：
托修方接车人： (签字)
接车日期：

(对应正面合格证面)

NO.00000000
车属单位保留

托修方________
车牌号码________
车型________
发动机型号/编号________
底盘(车身)号________
维修类别________
维修合同编号________
出厂里程表示值________

该车按维修合同维修，经检验合格，准予出厂。

质量检验员：(盖章)
承修单位：(盖章)
进厂日期： 出厂日期：
托修方接车人： (签字)
接车日期：

(对应正面合格证面)

NO.00000000
质量保证卡

该车按维修合同进行维修，本厂对维修竣工的车辆实行质量保证，质量保证期为车辆行驶________万公里或者______日。在托修单位严格执行走合期规定、合理使用、正常维护的情况下，出现的维修质量问题，凭此卡随竣工出厂合格证，由本厂负责包修，免返修工料费和工时费，在原维修类别期限内修竣交托修方。

维修情况记录：

次数	返修项目	返修日期	修竣日期	送修人	质检日

维修发票号：
维修竣工出厂日期：

(对应正面白底)

图 0-3 机动车维修竣工出厂合格证反面

二、汽车故障诊断的分析方法

汽车故障诊断方法主要有直观诊断法和仪器设备诊断法两种，在许多书籍上都有介绍，不再赘述。这里介绍的汽车故障诊断和分析方法，主要围绕汽车电子故障诊断和综合数据分析等高级技术分析阐述。

1. 故障码分析方法

国标《汽车维修术语》(GB/T 5624)给出的故障码定义是：故障码(fault code)，即故障代码，是指汽车诊断中用以显示故障特征的数字符号。车载 ECU 故障代码编码是有一定条件的，又有间歇故障、偶发故障、派生故障、软故障和硬故障之分。由于车型不同，对于同一故障设置故障码的条件也有所不同，在车辆实际运行过程中电控系统偶然出现一两次不正常信号，诊断系统不会立即判定为故障，只有当故障频繁出现达到编码条件，车载 ECU 内的故障诊断系统才会设置该部位故障代码、点亮故障指示灯、启动“故障运行模式”。仪表板上的故障指示灯不是在所有的电控系统故障出现时都会点亮，也不是所有电控系统故障都有“故障运行模式”或“备用模式”支持。表 0-2 是一汽天津丰田 5A 发动机电控系统的部分故障列表。

一汽天津丰田 5A 发动机电控系统的部分故障列表 表 0-2

序号	诊断码	系统	发动机故障指示灯		故障码设置条件	故障部位
			正常模式	检查模式		
1	12	转速信号	ON	N. A.	STA 转为 ON 后 2s 以上时间内没有 NE 信号输入 ECU	NE 电路开路或短路 ⅡA STA 电路开路或短路 ECU

续上表

序号	诊断码	系统	发动机故障指示灯 正常模式	发动机故障指示灯 检查模式	故障码设置条件	故障部位
2	13	转速信号	ON	N.A.	发动机转速在1500r/min以上时,0.3s以上时间内没有NE信号输入ECU	NE电路开路或短路 ⅡA ECU
3	14	点火信号	ON	N.A.	连续4~5次点火后仍没有IGF信号输入ECU	从点火器到ECU的IGF或IGT电路开路或短路 点火器 ECU
4	22	水温传感器信号	ON	ON	水温传感器电路开路或短路0.5s以上(THW)	水温传感器开路或短路 水温传感器 ECU
5	24	进气温度传感器信号	OFF	ON	进气温度传感器电路开路或短路0.5s以上(THA)	进气温度传感器电路开路或短路 进气温度传感器 ECU
6	31	真空传感器信号	ON	ON	真空传感器电路连续开路或短路0.5s以上(PIM)	真空传感器电路开路或短路 真空传感器 ECU
7	33	怠速控制阀系统	ON	ON	怠速控制阀电路开路或短路	怠速控制阀电路开路或短路 ISC阀
8	41	节气门位置传感器信号	OFF	ON	节气门位置传感器(VTA)电路连续开路或短路0.5s以上	节气门位置传感器电路开路或短路 节气门位置传感器 ECU
9	42	车速传感器号	ON	OFF	当车辆以下列条件下运行时,至少8s内没有SPD信号输入ECU。 发动机转速2500~5000r/min 冷却液温度高于80℃ 歧管真空度60kPa(450毫米汞柱,17.7英寸汞柱)或以上	车速传感器电路开路或短路 车速传感器 ECU

如12号故障码与13号故障码都表明是转速信号不良,但却是有区别的,需要检查的部位也有所不同。12号故障码的设置条件是当发动机起动时,起动机起动2s以上ECU仍然接收不到转速信号,该故障出现时发动机不能运行;13号故障码的设置条件是发动机转速在1500r/min(此时车速一般在80km/h左右),ECU接收不到曲轴位置传感器(发动机转速)信号超过0.3s。此时即使转速信号丢失超过2s后又恢复了,由于车辆行驶的惯性作用,汽车照样能继续正常行驶,故障指示灯也会熄灭(或根本就来不及点亮),但ECU故障存储器依然会存储13号故障代码。这就提醒维修人员在进厂维护时,重点需要检查曲轴位置传感器线束插接器是否有松动、锈蚀等。再比如24号故障码和41号故障码,分别表明进气温度信号和节气门开度信号不良,其故障码设置条件是传感器信号丢失超过0.5s以上,这两个故障发生后短期内故障灯都不会亮,但会记录故障码用于提醒维修人员检查这两个系统。进气温度与节气门开度信号是点火与喷油正时的参考信号,与转速信号有所不同,转速信号

是点火与喷油正时的主信号,前者发生问题对车辆正常行驶影响不大,只是行驶的经济性能有所下降、油耗增加,而后者长时间(2s以上)发生问题发动机根本不能运转。

上述发动机型号虽然有些老旧,属于第一代汽车随车故障诊断编码,但却较好地反映了车载诊断系统的控制策略、编码条件、编码规则,第二代、第三代随车故障诊断系统基本延续了上述规则,只是随着汽车电子技术发展,接口统一、端子定义统一、编码统一且更加明确了故障含义,因此仍然具有教学意义和分析价值,是建立故障码分析思路的基础。

当前几乎所有车载电控单元都具备主动区分故障性质的功能,好的诊断仪与诊断软件应当能够自动区分这些信息,并提供诊断帮助。仔细阅读这些故障信息,对于准确查找故障,避免漏检、误检都是十分重要的,它往往直接指明需要检修的方向。例如冷却液温度传感器短路到搭铁或信号线开路的故障。

图 0-4 所示是冷却液温度传感器反馈信号短路到搭铁时的电路图,此时 ECU 接收到的冷却液温度信号电压低于 0.1V,于是判定冷却液温度传感器故障,诊断仪读到的信息如图 0-5 所示。

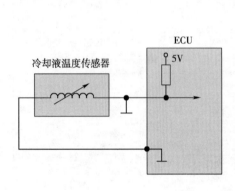

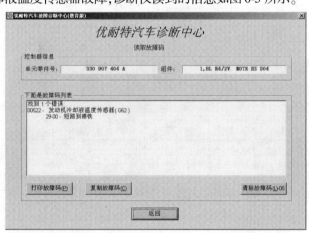

图 0-4　冷却液温度传感器反馈信号短路到搭铁　　图 0-5　冷却液温度传感器短路到搭铁时的诊断界面

图 0-6 所示是冷却液温度传感器反馈信号线开路时的电路图,此时 ECU 接收到的冷却液温度信号电压高于 4.5V,于是也会判定冷却液温度传感器故障,诊断仪读到的信息如图 0-7 所示。

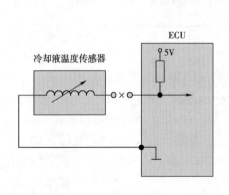

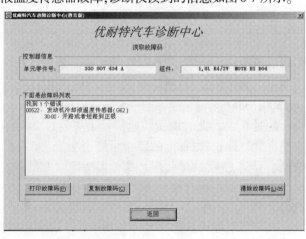

图 0-6　冷却液温度传感器反馈信号线开路　　图 0-7　冷却液温度传感器开路时的诊断界面

一般故障诊断仪或诊断软件所显示的故障信息应当包含三方面内容：一是有几个故障，诊断软件显示有一个故障；二是故障代码编码和该编码的故障定义，诊断软件显示编码为00522，该编码的故障定义为"发动机冷却液温度传感器"故障（G62部件，表示大众车系电路图零部件的标注代号）；三是表明该故障的性质，冷却液温度传感器短路时，显示29-00（故障性质代码）短路到搭铁，冷却液温度传感器开路时，显示30-00（故障性质代码）开路或者短路到正极。虽然同是冷却液温度传感器故障，但是诊断软件表明了这是两个不同的故障，分别表示冷却液温度传感器输入ECU的电压过低和过高，而设置的故障代码却是一致的，都是00522，指明的故障部位也一致，都是"发动机冷却液温度传感器"，但故障性质的不同却决定了检修的方法与需要检查的部位大不相同。"冷却液温度传感器短路到搭铁"故障，表明冷却液温度传感器反馈信号过低，需要检查的部位包括：电控单元、插接器、传感器5V参考电压传输电路（如果有的话）、反馈信号电路、传感器本身。如果读到"冷却液温度传感器开路或短路到正极"的故障，则表明冷却液温度传感器反馈信号过高，需要检查的部位是不一样的，主要检查传感器电阻是否有短路（任何温度下都小于5Ω），电路是否有断开或"串线"现象，ECU是否损坏等。从以上例子可以看出，故障码分析并不简单，不是看一眼就更换零部件，故障码的详细分析是汽车维修技师必须掌握的技能。

随着汽车电子技术的发展，一些中高档轿车故障码的设置更加完善、细化。同样是上述冷却液温度传感器故障，在帕萨特B5 1.8T轿车，冷却液温度传感器共设置有三个故障码，分别表示冷却液温度传感器信号不可靠、信号过高和信号过低。电控单元能根据冷却液温度传感器输入ECU电压的高低不同分别设置不同的故障码，如16501表示"G62与发动机控制单元J220之间的信号线同搭铁短路"，16502则表示"在G62和发动机控制单元J220之间的导线连接中通向正极断路或短路"，直接区分出故障的性质与需要检修的范围。而16500故障码则表示冷却液温度传感器G62信号不可靠，故障产生的原因是G62由于接触点及插座腐蚀（由于潮湿）而提供不可靠的信号，直接告诉维修人员检查线束及插接器。

2. 数据流分析方法

所谓动态数据流，就是汽车电子控制系统在现实运行中，反映传感器、执行器工况的一系列数值所组成的数据块。由于是分别显示各组数值，因此习惯上将其称作"数据流"。即使是经济型轿车，也支持由十几条数据组成的数据流输出，包括燃油脉冲宽度、点火提前角、发动机温度、节气门开度、怠速调整状态、氧传感器状态等，甚至包括制动灯开关和空调开关的状态。一些高级轿车各系统的数据多达数百条，这为诊断汽车电控系统故障提供了一种方便快捷的方式，因为系统工况即使是最轻微的变化，都会在数据流上有所反映。例如进气歧管压力传感器或空气流量传感器发生故障，燃油脉冲宽度一定会增加；ECU控制的点火提前角也会随着发动机怠速的波动而剧烈变化；怠速调整处于固定状态；整个电控系统处于开环控制。再比如，若冷却液温度传感器发生故障，对于大部分车型的ECU控制，无论是零下20℃冷起动，还是发动机已达到工作温度，水温信号都被恒定在80℃左右，水温传感器反馈电压被固定在4.5V左右，以上这些数值，都可以很方便地从数据流中读到。图0-8、图0-9和图0-10分别是当空气流量传感器正常和发生故障时的动态数据流。

动态数据流分析是常用的技术分析手段，一般在故障代码分析之后进行，用于验证所读到的故障码、整体运行质量分析和辅助故障分析判断等，也用于车辆一级维护等一般检查以及维修竣工以后检验车辆整体运行状态,亦常常被用来直接判明故障,特别是在无故障代码存储显示时更为重要,属汽车故障诊断高级技术分析。这些,都是汽车维修技师所必须掌握的内容。

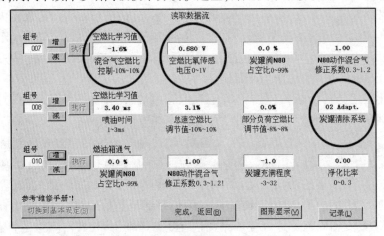

图 0-8 空气流量传感器正常时的动态数据流界面

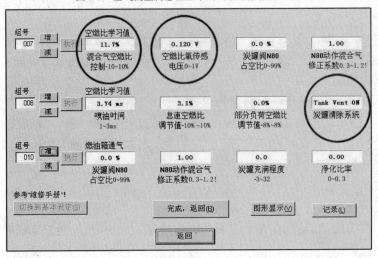

图 0-9 空气流量传感器故障时的动态数据流界面

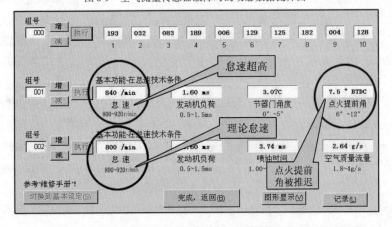

图 0-10 空气流量传感器故障时发动机转速与点火提前角的动态数据流界面

3. 波形分析方法

通常情况下,测试仪器的扫描速度应该是被测信号的 5~10 倍,而当前汽车电控系统的一些电信号变化速率非常之快,变化周期常常以微秒计算,特别是 CAN-Bus 总线与多路传输系统在汽车上广泛应用以后,对测试仪器的扫描速度又提出了更高的要求。另外,在汽车电控系统故障中,还有许多故障信号是间歇性的,时有时无,这就更需要仪器的测试速度大大高于故障信号的速度。汽车示波器不但可以快速捕捉电信号,还可用较慢的速度、以图形来显示这些信号,以便一面观察、一面分析,并以存储的方式记录这些信号供反复观察,这就为快速直接地判明传感器、执行器以及控制系统整体性能故障与缺陷提供了方便。

虽然故障诊断仪可以快速地得到车辆运行中的许多资料,包括对执行器进行驱动测试、对控制器进行匹配调整,但是由于其软件和运算速度的限制,不能直接分析点火的质量,也不能直接判断执行器的工况,包括损坏的点火驱动器、传感器反馈信号变化过慢、是否存在反向的电压等。目前,有些故障诊断仪把示波器集成在一起,还有一些基于 PC 的诊断软件也具备图形显示的功能,这都为电控系统故障综合诊断分析大大提供了方便,但故障诊断仪终究不能替代汽车示波器。

汽车万用表也是主要的汽车故障诊断测试仪器,与示波器相比,万用表是数值式测量仪器,显示的是被测点在某一时刻的数值,而示波器是以图形显示连续的画面,并且具有高速的特点,以下是万用表(图 0-11)与示波器(图 0-12)同时测试大众车系热膜式空气流量传感器反馈信号电压的比较。

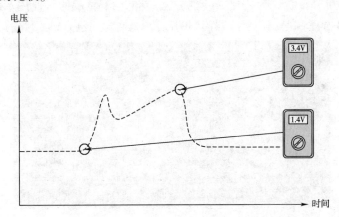

图 0-11　万用表测量的结果

分析比较:空气流量传感器(AFM)的输出电压是线性的,可以用示波器测量,波形与波形实例相似。发动机在怠速状态下波形电压大约为 1.4V,当发动机加速时,空气流量增加,电压随之升高并达到一个初始峰值。这个峰值是由空气的初始流量引起的,峰值在上升到另一个 3~4V 的峰值以前立即下降,峰值电压的高低依发动机加速的状态而定。当发动机减速时节气门关闭,进气量减少,电压急剧下降,发动机返回到怠速状态,最终电压逐渐降低到由怠速控制阀控制的发动机怠速状态 1.4V。此波形显示的是发动机转速从大约 2000r/min 至怠速状态的波形,时间大约为 2s,操作人员在屏幕上可以观察到从怠速到加速再返回到怠速的输出电压图形。波形的杂信号是由发动机运行时真空度变化引起的,通过观察该杂信号可以直接判明空气流量传感器是否有故障。

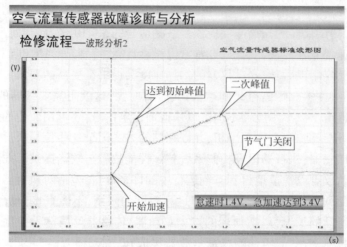

图 0-12　示波器显示的画面

由于万用表是数值式显示仪表,只能读到怠速时的初始电压 1.4V 和峰值电压的 3.4V,不能反映热膜式空气流量传感器电压输出的线性特性、二次峰值特性和真空引起的杂波。通过以上比较,可以看出示波器与万用表相比较的优越性能。

由于目前汽车上大量采用 CAN 总线与多路传输装置,并且正在向中低档轿车覆盖,汽车故障诊断也越来越多地需要面对并解决 CAN 总线系统出现的问题,而对于 CAN 总线传输故障,使用示波器诊断分析是最为快捷简便的方法。图 0-13 显示的是使用示波器读到的高位 CAN 断路,图 0-14 显示的是使用示波器读到的高位 CAN 对低位 CAN 短路的波形图画面。

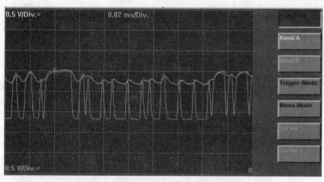

图 0-13　高位 CAN 断路的波形图

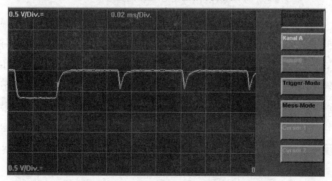

图 0-14　高位 CAN 对低位 CAN 短路的波形图

上图显示的数据使用万用表是根本无法完成的。波形分析也是汽车维修技师常用的技术分析手段,一般在故障代码分析和数据流分析之后进行,用于使用万用表无法检测的项目,也常常被用来直接判明故障。汽车示波器在车辆维修中的运用由来已久,只是在过去车型比较单一、电子元器件少,主要用于对点火的初级波形和次级波形进行分析。随着汽车电子技术的不断提升,示波器的运用更加广泛,能对所有传感器、执行器以及控制器链路进行快速诊断分析,越来越成为汽车故障诊断,特别是电控系统故障诊断分析的必要手段,是汽车维修技师必须掌握的技术。

4. 尾气分析方法

尾气分析是使用尾气分析仪对机动车排放的尾气中一氧化碳(CO)、二氧化碳(CO_2)、氮氧化合物(NO_x)、碳氢化合物(HC)和含氧量(O_2)进行分析的一种技术操作方法。尾气分析是汽车故障诊断的重要分析方法,其各项数值直接反映汽车发动机整体运行工况的好与坏。一般尾气排放中的一氧化碳(CO)和碳氢化合物超标反映混合比过浓,燃烧不完全;含氧量过高则表明混合比稀;氮氧化合物超标反映曲轴箱通风系统、EGR 系统有故障。

当前国际上和国内一些主要城市对机动车的尾气排放都有严格的限制与规定,不断推出如欧洲Ⅰ号、Ⅱ号、Ⅲ号、Ⅳ号排放标准,国家环保总局也于最近公布了机动车污染物排放 5 项新标准,涉及汽车的有:《轻型汽车污染物排放限值及测量方法(中国Ⅲ、Ⅳ阶段)》(中国轻型汽车Ⅲ、Ⅳ号排放标准)、《装用点燃式发动机重型汽车曲轴箱污染物排放限值》和《装用点燃式发动机重型汽车燃油蒸发污染物排放限值》。轻型汽车Ⅲ号排放标准自 2007 年 7 月 1 日起实施,Ⅳ号排放标准自 2010 年 7 月 1 日起实施。表 0-3 和表 0-4 分别是欧洲和我国柴油车和汽油车的排放标准以及开始执行的时间。

欧洲乘用车(柴油车及汽油车)排放标准及实施时间表　　　　　表 0-3

欧洲柴油车废气排放标准						
标准	欧Ⅰ	欧Ⅱ	欧Ⅲ	欧Ⅳ	欧Ⅴ	欧Ⅵ
实施时间	1995 年底前	1996~1999 年	2000~2004 年	2005~2009 年 8 月	2009.8~2014.8	2014 年 9 月起
$HC + NO_x$	0.97%(1.13%)	0.7%	0.56%	0.3%	0.23%	0.17%
CO	2.72%	1.0%	0.64%	0.5%	0.5%	0.5%
PM	0.14%	0.08%	0.05%	0.025%	0.005%	0.005%
欧洲汽油车废气排放标准						
标准	欧Ⅰ	欧Ⅱ	欧Ⅲ	欧Ⅳ	欧Ⅴ	欧Ⅵ
实施时间	1995 年底前	1996~1999 年	2000~2004 年	2005~2009 年 8 月	2009.8~2014.8	2014 年 9 月起
HC	—	—	0.2%	0.1%	0.1%	0.1%
CO	2.72%	2.2%	2.3%	1%	1%	1%
NO_x	—	—	0.15%	0.08%	0.06%	0.06%
PM	—	—	—	—	0.005%	0.005%

我国第一类车的排放标准以及实施时间表(单位:g/km)　　　表 0-4

我国点燃式废气排放标准					
标准	国Ⅰ	国Ⅱ	国Ⅲ	国Ⅳ	国Ⅴ
实施时间	2004 年 7 月前	2004.1~2007.6	2007.7~2010.6	2010.7~2017.12	2018 年开始
CO	2.72	2.2	2.30	1.00	1.00
THC	—	—	—	—	0.100
NMHC	—	—	—	—	0.068
HC	—	—	0.20	0.10	—

续上表

我国点燃式废气排放标准					
标准	国 I	国 II	国 III	国 IV	国 V
实施时间	2004年7月前	2004.1~2007.6	2007.7~2010.6	2010.7~2017.12	2018年开始
NO_x	—	—	0.15	0.08	0.060
$HC + NO_x$	0.97	0.5	—	—	—
PM					0.0045

我国压燃式废气排放标准					
标准	国 I	国 II	国 III	国 IV	国 V
实施时间	2004年7月前	2004.1~2007.6	2007.7~2010.6	2010.7~2017.12	2018年开始
CO	2.72	1.0	0.64	0.50	0.50
NO_x			0.50	0.25	0.180
$HC + NO_x$	非直喷0.97 直喷1.36	非直喷0.7 直喷0.9	0.56	0.30	0.230
PM	非直喷0.14 直喷0.20	非直喷0.08 直喷0.10	0.050	0.025	0.0045

制定严格的机动车尾气排放标准,不仅仅是为了满足大气环保的要求,更主要它是一个国家汽车工业产业政策的重要组成部分,对汽车销售市场和售后服务市场的影响也是广泛的。对于汽、柴油机来说,如果机动车的尾气排放达标,则表明点火系、燃油系、真空配气系、废气再循环系、气缸压力、机械传动以及整车动力性能一定都很好。为了保证车辆在使用过程中稳定达到排放限值要求,保证车辆排放控制性能的耐久性,除了按规定增加车载诊断系统的配置外,汽车制造要做得更好,维修服务也要做得更好。一般尾气排放标准每增加一个等级,每辆车的制造成本将增加2000~3000元。

汽车尾气排放参数是评价整车性能的重要指标,一般车辆结合车辆一级维护作业,每年至少应该测量一次。当发动机等重要的总成部件大修以后,都要进行尾气测试分析以检验整体维修质量,并将相关数据记录在《维修档案》中。

5. 电路分析方法

电路分析是使用汽车电路图,分析汽车电器电路中各用电器、开关、传感器、执行器和控制器线束各针脚之间的连接关系、位置关系,电气元件内部结构以及电源供应与接地点的技术分析方法。现在汽车上的电气系统越来越复杂,读懂并熟练使用各种汽车电路图,是一名合格的汽车修理工应该具备的基本技能。汽车电路图分为电气线路图、电气原理图和线路定位图三大类。

1) 汽车电路图的分类(图0-15)

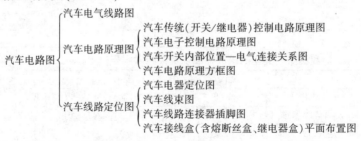

图0-15 汽车电路图的分类

2) 汽车电气线路图

主要表现汽车电气的名称、线路的连接关系、线号及线的颜色等,如图0-16所示。

绪 论

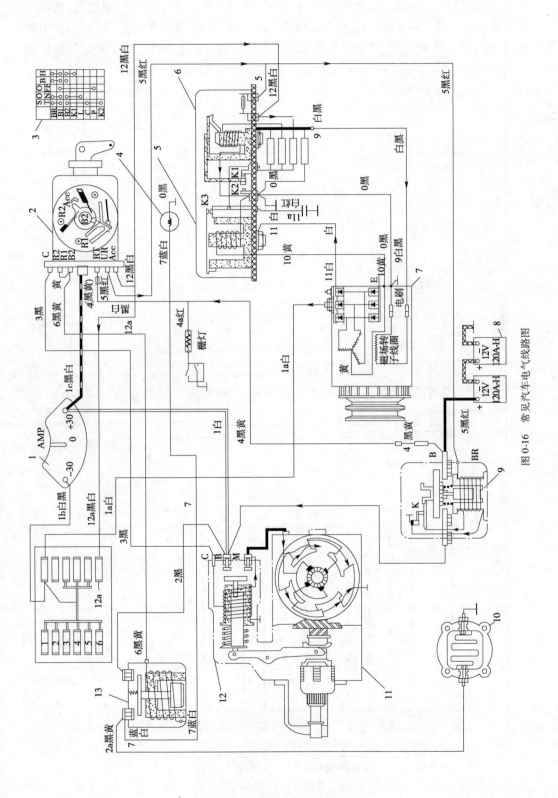

图 0-16 常见汽车电气线路图

汽车常见的电气线路图主要有两大类别。一类是美亚车系常用的电气接线图,其特点是将各种电气元件用线束直接连接在一起,识读起来比较直观,线束的针脚号、颜色和中间的转接插头都有标注,传感器、继电器和开关等的内部画法与标注可以直接了解电气元件的内部结构,方便做部件测试使用;缺点是标注不够细致完善,如图0-17所示。

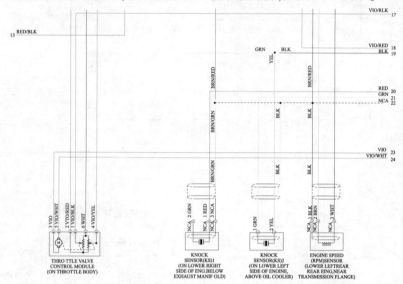

图0-17 美亚车系常用的电路接线图

另一类是欧洲车系的电路结构图,如图0-18所示,其特点如下。

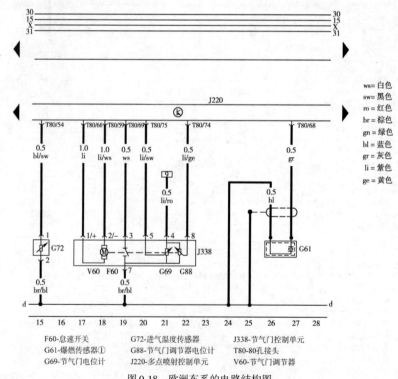

F60-怠速开关　　　　　G72-进气温度传感器　　　J338-节气门控制单元
G61-爆燃传感器①　　　G88-节气门调节器电位计　T80-80孔接头
G69-节气门电位计　　　J220-多点喷射控制单元　　V60-节气门调节器

图0-18 欧洲车系的电路结构图

(1) 所有电路都纵向排列并且不相交叉,而且相同的电路归纳在一起,其排列顺序基本上是按电源、起动机、点火系、组合仪表、电子控制系统、照明系统、转向灯及危急报警系统、刮水洗涤系统及喇叭电路进行编排,并且作分段编号,标明在电路图中所处的位置。对于某些线路比较复杂的电路则采用断线代号法来加以标注。例如某一条线路的上半段在电路号码为 11 的位置,而下半段在电路号码为 37 的位置,则在下半段线路(37 位置)的终止处画有一个内部标注为 11 的小方框,这就表明上半段电路在电路号码为 11 的位置上;同样,上半段线路(11 位置)的终止处也有一个标注为 37 的小方框,说明下半段电路在电路号码为 37 的位置上。通过这些标有号码的小方框把电路的上、下部分连接在一起。

(2) 电路结构图在表示线路走向的同时还能表示线路的结构情况。车辆的全车电路是以控制器、熔断丝、继电器板为中心,而且其正面插有继电器和熔断丝。电路结构图中例如 4/85、3/30、2/87 和 1/86 的标注,其中分子上的 4、3、2 和 1 指的是熔断丝/继电器板上的第 4 号位置上的插孔,而分母上的数字 85、30、87 和 86 为继电器上的 4 个针脚,而且分子数字和分母数字是相对应的。

(3) 电路中经常通电的线路使用代号 30,接地线使用代号 31 而且使用棕色线,同时白、黄色用于控制灯,蓝色线大多用于指示灯或传感器,全绿、红/黑或绿/黑线多用于脉冲式电器。另外,还需特别提示的是,在电路中受控制的大容量用电设备的电源线其代号为 X,而受控的小容量用电设备的电源线的代号为 15。在继电器中,85 号针脚用于接地线,86 号针脚用于电源线 15,30 号针脚为经常通电,而 87 号针脚用于受控器件,而且当 15 号通电后,则 85 和 86 号两线导通,由于磁场的产生从而使 30 号与 87 号线路间的触点闭合,于是使用电气通电。

(4) 电路中的大写字母 T 表示插接式线束连接器,而其右下方的注脚数字则表示线束连接器针脚数目,例如 T6/1,则表明是 6 针脚线束连接器中的 1 号针脚。

欧洲车系电路结构图的优点是显而易见的,其缺点是电路图分页绘制,看图比较烦琐。

3) 汽车电路原理图

汽车电路原理图重点表达各电气系统电路的工作原理,既可以是全车电路图,也可以是各系统电路原理图,如图 0-19 所示。

a. 汽车传统(开关/继电器)控制电路原理图。汽车传统(开关/继电器)控制电路原理图如图 0-20 所示。

b. 汽车电子控制电路原理图。别克轿车前照灯控制电路原理图如图 0-21 所示。

c. 汽车开关内部位置—电气连接关系图。广本雅阁电动座椅开关电气连接关系如图 0-22 所示。

d. 汽车电路原理方框图。方框图是把一个完整电路划分成若干部分,各个部分用方框表示,每一方框再用文字或符号说明其功能,各方框之间用线条连接起来,用以表明各部分的相互关系。方框图没有画出元器件和它们之间的具体连接情况,如图 0-23 所示。

4) 汽车电路定位图(图 0-24)

电路定位图用于指示各电器及导线的具体位置。一般采用绘制的立体图或实物照片的形式,立体感强,能直观、清晰地反映电器在车上的实际位置,具有很高的实用价值。定位图还可以细分为汽车电器定位图、汽车线束图、汽车线路连接器插脚图和汽车接线盒(含熔断丝盒、继电器盒)平面布置图。

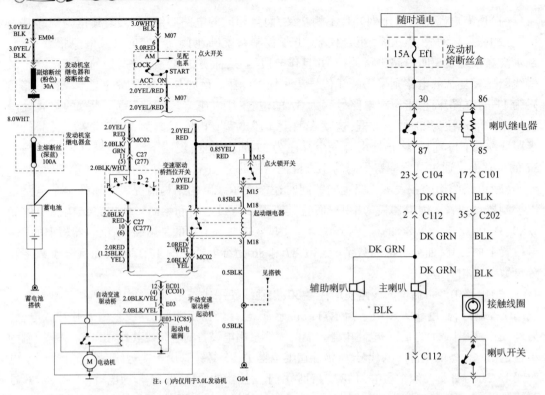

图 0-19　汽车电路原理图　　　　图 0-20　汽车传统(开关/继电器)控制电路原理图

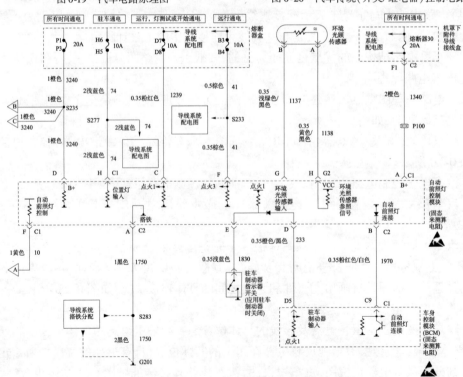

图 0-21　别克轿车前照灯控制电路原理图

绪 论

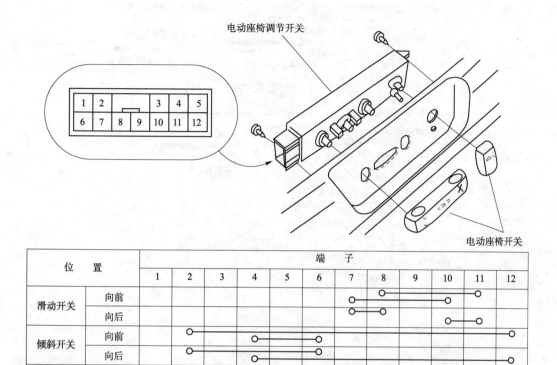

图 0-22 广本雅阁电动座椅开关电气连接关系图

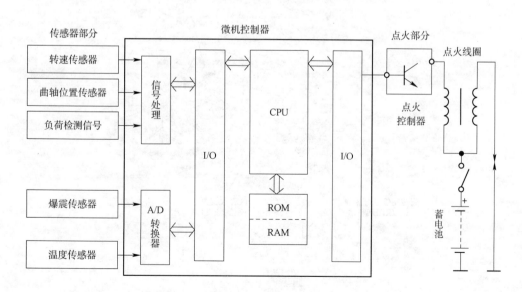

图 0-23 汽车电路原理方框图

21

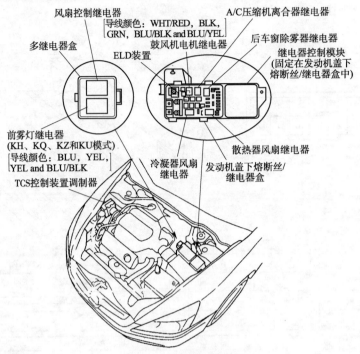

图0-24 汽车电路定位图

a. 汽车电器定位图。确定各电气元件、连接器、接线盒、搭铁点、铰接点及诊断座等的分布位置。图0-25所示是广本雅阁轿车部分搭铁点定位图。

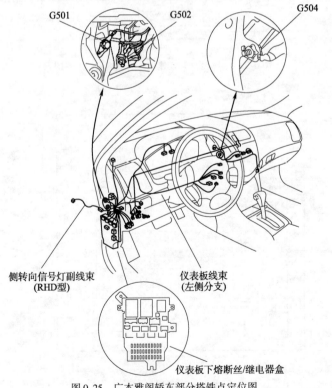

图0-25 广本雅阁轿车部分搭铁点定位图

b. 汽车线束图。确定电线束与各用电器的连接部位、接线柱的标记、线头、连接器的形状及位置,如图 0-26 所示。

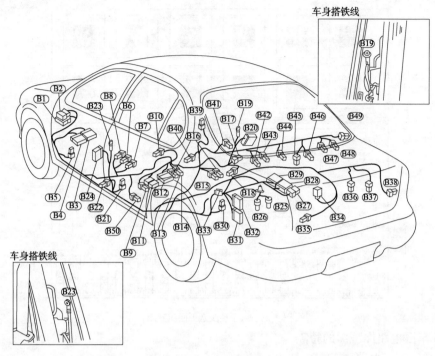

图 0-26　汽车线束图

c. 汽车线路连接器插脚图。确定连接器内各导线连接位置,图 0-27 所示为电动后视镜连接器插脚图。

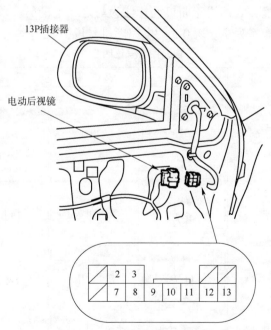

图 0-27　电动后视镜连接器插脚图

d. 汽车接线盒(含熔断丝盒、继电器盒)平面布置图。确定熔断丝、继电器等具体安装方位,如图 0-28 所示。

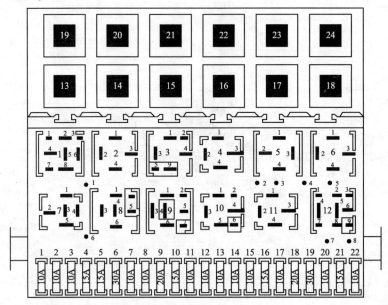

图 0-28　汽车接线盒平面布置图

5)各车系电路原理图的特点

(1)横坐标式电路图。

该模式的电路图在最下端通过编号坐标标注图中各线路的位置,各线路平行排列,每条线路对准下框条上的一个编号。图中一般不允许横向交叉跨度较大的走线,横向连接的走线采用断口标注的方式表示,即线路断口处标注为与之相连的另一段线路所在图中的位置编号,主要以德国大众车系为主。表 0-5 为电路图符号说明表。

电路图符号说明表　　　　　　　　　　　　　　　　　　　　　　　　　表 0-5

符号	说明	符号	说明	符号	说明
▯	熔断丝	⫤	蓄电池	╱	手动开关
(起动机符号)	起动机	(温控开关符号)	温控开关	(压力开关符号)	压力开关
(交流发电机符号)	交流发电机	(按键开关符号)	按键开关	(机械开关符号)	机械开关
(点火线圈符号)	点火线圈	(多挡手动开关符号)	多挡手动开关	(继电器符号)	继电器

续上表

符　号	说　明	符　号	说　明	符　号	说　明
	火花塞和火花塞插头		灯泡		双丝灯泡
	电热丝		发光二极管		点烟器
	电阻		可变电阻		后窗除霜器
	内部照明灯		不可拆式导线接点		显示仪表
	线束内导线连接		电控控制器		氧传感器
	电磁阀		电机		电磁离合器
	双速电机		接线插座		感应式传感器
	插头连接		爆震传感器		元件上多针插头连接
	数字钟		元件内部导线连接点		喇叭
	可拆式导线接点		扬声器		自动天线
	收放机				

电路原理图(图0-29)说明如下。

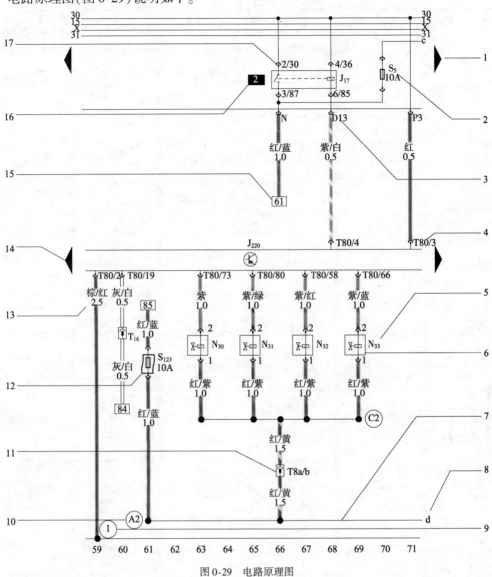

图0-29 电路原理图

图0-29 图注如下。

1—三角箭头,表示下接下一页电路图。

2—熔断丝代号,图中S5表示该熔断丝位于熔断丝座第5号位,10安培。

3—继电器板上插头连接代号,表示多针或单针插头连接和导线的位置,例如D13表示多针插头连接,D位置触点13。

4—接线端子代号,表示电器元件上接线端子数/多针插头连接触点号码。

5—元件代号,在电路图下方可以查到元件的名称。

6—元件的符号,可参见电路图符号说明。

7—内部接线(细实线),该接线并不是作为导线设置的,而是表示元件或导线束内部的电路。

8—指示内部接线的去向,字母表示内部接线在下一页电路图中与标有相同字母的内部接线相连。

9—搭铁点的代号,在电路图下方可查到该代号搭铁点在汽车上的位置。

10—线束内连接线的代号,在电路图下方可查到该不可拆式连接位于哪个导线束内。

11—插头连接,例如 T8a/6 表示 8 针 a 插头触点 6。

12—附加熔断丝符号,例如 S123 表示在中央电器附加继电器板上第 23 号位熔断丝,10A。

13—导线的颜色和截面积(单位:mm^2)。

14—三角箭头,指示元件接续上一页电路图。

15—指示导线的去向,框内的数字指示导线连接到哪个接点编号。

16—继电器位置编号,表示继电器板上的继电器位置编号。

17—继电器板上的继电器或控制器接线代号,该代号表示继电器多针插头的各个触点。例如,2/30 表示:2 为继电器板上 2 号位插口的触点 2,30 为继电器/控制器上的触点 30。

(2)横纵坐标式电路图(图 0-30)。

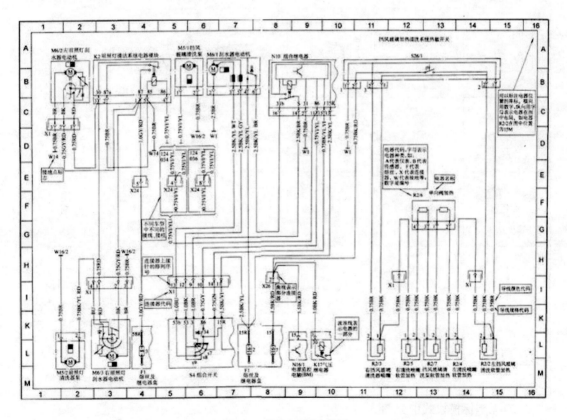

图 0-30 横纵坐标式电路图

该模式的电路图采用横纵坐标来确定电器在电路图中的位置,如奔驰汽车采用数字做横坐标,采用字母做纵坐标给电路进行定位。表 0-6 为奔驰汽车电路图符号。

奔驰汽车电路图符号　　　　　　　　表0-6

符　号	说　明	符　号	说　明	符　号	说　明
	手动开关		磁极		手动按键开关
	电位计		常开触点	1.8Ω	电阻
	常闭触点		可变电阻		二极管
	电子元件		压簧自动开关		蓄电池
	温度开关	M	直流电动机		压力开关
	螺钉连接		自动开关		焊接连接
	电磁阀		平插头	8	熔断丝
	圆插头		指示仪表		电磁线圈
	接线板				

(3) 无坐标模块式电路图。

目前,采用此方式绘图的汽车制造公司较多,如通用别克、本田、东风雪铁龙、富康、丰田、福特、宝马、三菱等,但各公司的具体电路表达方式和图形符号各有不同,读图时需参照相关电路图和图形符号列表进行。表0-7为常见电路图图形符号。

常见电路图图形符号　　　　　表0-7

图形及说明	图形及说明
蓄电池　　发电机定子线圈	串接插接器　2 ∧ C123　　2 ∨ C123
熔断丝管　熔断丝　断路器	多路插接器 8/5/2 C123　公插接器 4 ∧ C1　母插接器 6 ∨ C3
BATT A0　选择括号　(8W-30-10)参考页热线	单灯丝灯　双灯丝灯　天线
时钟弹簧　搭铁点 G101　螺纹端子	NPN晶体管　PNP晶体管　音频发生器
常开开关　常闭开关	发光二极管　光电二极管　二极管　稳压二极管
开关动开关　滑动门接点	氧传感器　仪表　压电元件
在单元内显示的导线始端和终端　在另一单元显示的导线终端	电阻　可变电阻　加热元件　电位
外绞插接器　内绞插接器　不完全绞插接器(内部) S350	非极化电容　极化电容　可变电容
单速电动机　双速电动机　可逆式电动机	线圈　电磁线圈　电磁阀

日产汽车电路原理图,如图0-31所示。

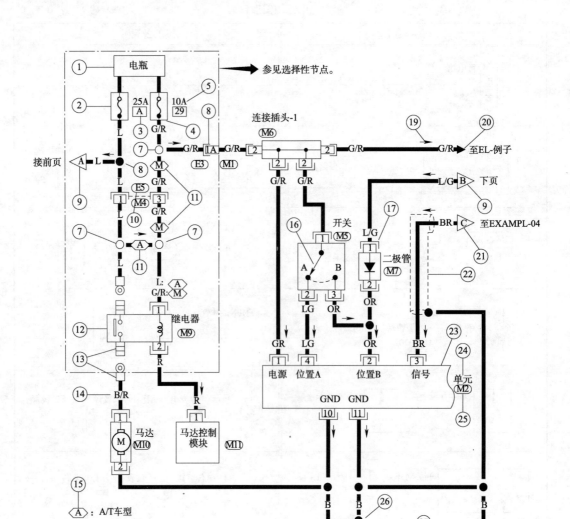

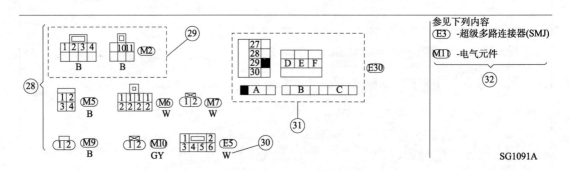

图 0-31　日产汽车电路原理图

(4)米切尔电路图。

米切尔(Mitchell)公司是北美著名的汽车维修资料供应商,其汽车书籍产品占北美市场的70%,数据库光盘产品占北美市场的50%。中国车检中心在1997年与米切尔公司签订了数据库转让许可合同,并建造了全中文的CVIC汽车维修数据库,米切尔的电路图已成为中国地区汽车维修的重要资料。表0-8为米切尔电路图图形符号说明。

米切尔电路图图形符号　　　　　　　　　　　　　表0-8

图形符号	说　明	图形符号	说　明	图形符号	说　明
	蓄电池		灯泡(双灯丝)		电动机
	断路图		接着(单路)		接着(双路)
	电阻		二极管		传感器(热敏)
	加热元件或除雾栅		电磁阀		熔断丝
	易熔元件		电磁阀 (带二极管)		卷簧
	喇叭		电磁阀(带电阻)		爆震传感器
	电磁阀 (带二极管和电阻)		易熔线连接		开关(单路)
	灯泡(单灯丝)		开关(双路)		

米切尔电路图的特点如下。

(1)米切尔电路图包括了美国、欧洲、亚洲主要汽车制造厂的电路图,按照统一的格式和电器符号绘制,便于使用。

（2）在电控系统电路图中，以电控单元为中心，电控单元的各插脚按照代码依次排列，电控单元周围的元件大致是电源部分在图上方，搭铁部分在图下方。

（3）电器元件一般在四周，中间为导线，如图0-32所示。

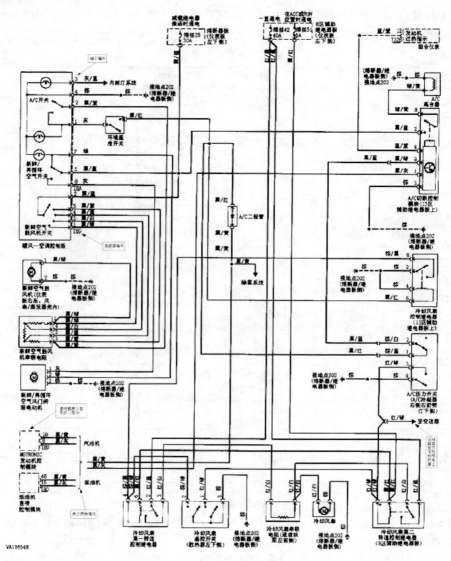

图0-32 米切尔电路图示例

6）识读汽车电路图的一般要领

（1）认真读几遍图注。

图注说明了该汽车所有电气设备的名称及其数码代号。通过读图注可以初步了解该汽车都装配了哪些电气设备，然后通过电气设备的数码代号在电路图中找出该电气设备，再进一步找出相互连线、控制关系。

（2）牢记电气图形符号。

汽车电路图是利用电气图形符号来表示其构成和工作原理的。因此，必须牢记电路图形符号的含义，才能看懂电路原理图。

(3)熟记电路标记符号。

为了便于绘制和识读汽车电器电路图,有些电器装置或其接线柱等上面都赋予不同的标志代号。

(4)牢记汽车电路特点。

汽车电路的特点是:

a. 单线制;

b. 负极搭铁;

c. 用电设备并联。

(5)牢记回路原则。

任何一个完整的电路都是由电源、熔断器、开关、控制装置、用电设备、导线等组成。电流流向必须从电源正极出发,经过熔断器、开关、控制装置、导线等到达用电设备,再经过导线(或搭铁)回到电源负极,才能构成回路。因此电路读图时,有以下三种基本方法。

方法一:沿着电路电流的流向,由电源正极出发,顺藤摸瓜查到用电设备、开关、控制装置等,回到电源负极。

方法二:逆着电路电流的方向,由电源负极(搭铁)开始,经过用电设备、开关、控制装置等回到电源正极。

方法三:从用电设备开始,依次查找其控制开关、连线、控制单元,到达电源正极和搭铁(或电源负极)。

实际应用时,可视具体电路选择不同思路,但有一点值得注意:随着电子控制技术在汽车上的广泛应用,大多数电气设备电路同时具有主回路和控制回路,读图时要兼顾两回路。

(6)浏览全图,分割各个单元系统。

要读懂汽车电路图,首先必须掌握组成电路的各个电器元件的基本功能和电器特性。在大概掌握全图的基本原理的基础上,再把一个个单元系统电路分割开来,这样就容易抓住每一部分的主要功能及特性。

在框划各个系统时,一定要遵守回路原则,注意既不能漏掉各个系统中的组件,也不能多框划其他系统的组件,一般规律是:

各电器系统只有电源和总开关是公共的,其他任何一个系统都应是一个完整的独立的电器回路,即包括电源、开关(熔断丝)、电器(或电子线路)、导线等。从电源的正极经导线、开关、熔断丝至电器后搭铁,最后回到电源负极。

(7)熟记各局部电路之间的内在联系和相互关系。

从整车电路来讲,各局部电路除电源电路公用外,其他单元电路都是相对独立的,但它们之间也存在着内在联系(如信号共享)。因此,识图时,不但要熟悉各局部电路的组成、特点、工作过程和电流流经的路径,还要了解各局部电路之间的联系和相互影响。这是迅速找出故障部位、排除故障的必要条件。

(8)掌握各种开关在电路中的作用。

对多层多挡接线柱的开关,要按层、按挡位、按接线柱逐级分析其各层各挡的功能。有的用电设备受两个以上单挡开关(或继电器)的控制,有的受两个以上多挡开关的控制,其工作状态比较复杂。当开关接线柱较多时,首先抓住从电源来的一两个接线柱,再逐个分析与其他各接线柱相连的用电设备处于何种挡位,从而找出控制关系。

对于组合开关,实际线路是在一起的,而在电路图中又按其功能画在各自的局部电路中,遇到这种情况必须仔细研究识读。

(9)全面分析开关、继电器的初始状态和工作状态。

在电路图中,各种开关、继电器都是按初始状态画出的,即按钮未按下、开关未接通,继电器线圈未通电,其触点未闭合(指常开触点),这种状态称为原始状态。在识图时,不能完全按原始状态分析,否则很难理解电路的工作原理,因为大多数用电设备都是通过开关、按钮、继电器触点的变化而改变回路的,进而实现不同的电路功能。所以,必须进行工作状态的分析。

(10)掌握电器装置在电路图中的位置。

大量电器装置是机电合一的,在电路图上表示时,厂家为了使画法既简单(便于画图)又便于识图,多根据实际情况采用集中或分开表示法。

集中表示法是把一个电器装置的各组成部分,在图上集中绘制的一种表示方法。此法仅适用于较简单的电路。

分开表示法,如把继电器的线圈、触点分别画在不同的电路中,用同一文字符号或数字符号将分开部分联系起来。

(11)先易后难。

有些汽车电路图的某些局部电路可能比较复杂,一时难以看懂,可以暂时将其放一放,待其他局部电路都看懂后,结合看懂图中与该电路有联系的有关信息,再来进一步识读这部分电路。

(12)注意搜集资料和经验积累。

对于看不懂的电路要善于请教有关人员,同时还要善于查找收集相关资料;注意深入研究典型汽车电路,做到触类旁通;特别注意实际工作经验的积累,新技术、新工艺的应用和创新。

7)汽车电子控制系统的读图方法

汽车电子控制系统越来越多,其读图方法除以上所述要领适用外,以下方法与步骤对汽车电子控制系统的读图很有帮助。

(1)要以电控系统的 ECU 为中心,因为这是整个系统的控制中心,所有电器部件都必然与这里发生关系。

(2)对 ECU 的各个接脚有大致印象,弄清楚分为几个区域,各区接脚排列的规律。

(3)找出该系统给 ECU 供电的电源线有哪些,注意一般 ECU 都不止一根电源线,弄清楚各电源线的供电状态(如常火线或开关控制)。

(4)找出该系统的搭铁线有哪些,注意分清哪些是在 ECU 内部搭铁,哪些是在车架上搭铁,哪些是在各总成机体上搭铁。

(5)找出哪些是系统的信号输入传感器,各传感器是否需要电源,并找出相应的电源线,该传感器在哪里搭铁。

(6)找出系统的执行器有哪些,弄清电源供给和搭铁情况、电脑控制执行器的方式(控制搭铁端或电源端)。

6. 万用表测试分析方法

汽车万用表是数字多用仪表的一种,其外形和工作原理与数字万用表大体相当,只是增加了几个汽车专用功能挡,如 DWELL 挡、TACHO 挡。汽车万用表除具有数字万用表的功能外,还具有汽车专用项目的测试功能:可测量交流电压、电流,直流电压、电流,电阻,频率,电容,占空比,温度,二极管,闭合角,转速;也有一些新的功能,如自动断电、自动变换量程、模拟条图显示、峰值保持、读数保持(数据锁定)以及低电压提示等。

为实现某些功能(例如测量温度、转速),汽车万用表还配有一套配套件,如热电偶适配器、热电偶探头、电感式拾取器以及 AC/DC 感应式电流夹钳(5～2000A 等)。

在发动机电控系统故障的检测与诊断中,除经常需要检测电压、电阻和电流等参数外,还需要检测转速、闭合角、频宽比(占空比)、频率、压力、时间、电容、电感、温度、半导体元件等。这些参数对于发动机电控系统的故障检测与诊断具有重要意义。但是这些参数用一般数字式万用表无法检测,需用专用仪表即汽车万用表。汽车万用表一般应具备下述功能:

(1)测量交、直流电压。考虑电压的允许变动范围及可能产生的过载,汽车万用表应能测量大于 40V 的电压值,但测量范围也不能过大,否则,读数的精度下降。

(2)测量电阻。汽车万用表应能测量 1MΩ 的电阻,测量范围大一些使用起来较方便。

(3)测量电流。汽车万用表应能测量大于 10A 的电流,测量范围再小则使用不方便。

(4)记忆最大值和最小值。该功能用于检查某电路的瞬间故障。

(5)模拟条显示。该功能用于观测连续变化的数据。

(6)测量脉冲波形的频宽比和点火线圈一次侧电流的闭合角。该功能用于检测喷油器、怠速稳定控制阀、EGR 电磁阀及点火系统等的工作状况。

(7)测量转速。

(8)输出脉冲信号。该功能有于检测无分电器点火系统的故障。

(9)测量传感器输出的电信号频率。

(10)测量二极管的性能。

(11)测量大电流。配置电流传感器(霍尔式电流传感器)后,可以测量大电流。

(12)测量温度。配置温度传感器后可以检测冷却水温度、尾气温度和进气温度等。

如图 0-33 所示,汽车万用表主要由数字及模拟量显示屏、转换开关、公用座孔(用于测量电压、电阻、频率、闭合角、频宽比和转速等)、测试座孔、测试探针组成。

7. 综合数据分析方法

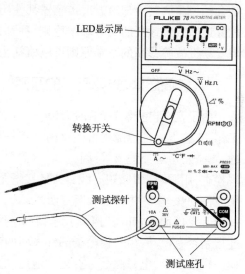

图 0-33　汽车万用表

综合数据分析(comprehensive data analysis)是将定量测得的各种整车、总成、机构及部件技术状况参数,进行综合分析比较的技术操作。我们把故障码分析、数据流分析、波形分析、尾气分析和万用表测试数值分析等统称为"综合数据分析"。综合数据分析是汽车故障特别是电控故障诊断分析的最重要环节,全面掌握综合数据分析的人才大量缺乏,这也是汽车维修与服务行业人才紧缺之所在,学习并掌握综合数据分析的方法与技巧,是汽车维修技师培养培训的重要目标,也是需要大面积开展行业技术培训,全面提升行业从业人员素质的主要目标。

综合数据分析越全面,采集的数据越完善、越真实,就越接近所要查明的故障点与故障的实质。但是,开展综合数据分析还要遵循方便、快捷的原则,不是所有的故障都要把所有项目做一遍,能采用简单方法迅速查明故障原因的,尽量采用简单方法,以便提高效率,节约资源,达到事半功倍的效果。

课题3 汽车故障诊断的四个基本原则

当前世界范围内已知的汽车品牌约60000余个,每年还在以数以千计的速度递增,特别是近年来汽车电子技术发展十分迅猛,大量的新型电子装备和新式控制方式在汽车上广泛采用,使得汽车电控故障诊断的技术含量越来越高,一些维修人员开始感到茫然,不知从何下手;也有一些维修人员在诊断电控故障时大量采用"替换法",即使用新零件替换旧零件。替换法是建立在已经获得初步诊断结论后所采用的验证方法,否则,换了一堆零件下来,即使故障修复了,也不知道准确的故障部位在哪里。更何况,如果电器线路有问题的话,采用替换法也是比较危险的,极易损坏好的汽车电子部件。因此,了解并掌握汽车电控故障诊断的一些基本原则和方法,是十分有益的。尽管美、日、欧各车系电子部件的外观、形状、安装位置等有很大差异,但其基本控制原理是相近的,故障诊断也有基本规律可循,例如:大多数传感器都使用5V参考电压,而执行器用12V驱动;氧传感器主要有氧化锆式和氧化钛式两种;一般中低档以下轿车大都采用压电式爆震传感器;几乎所有的汽车,无论是天津夏利,还是奔驰、宝马,其冷却液温度传感器都使用的是"负温度系数线性输出型"传感器。如果我们能够遵循故障诊断的一些基本原则,往往能迅速找出故障之所在,取得事半功倍的效果,电控发动机故障诊断的基本原则可以概括为四个方面。

一、先简后繁、先易后难的原则

由于汽车电控装置的使用环境十分恶劣,经常在高温、振动、灰尘、潮湿、水淋等环境下工作,一些驾驶性能障碍可能是由于很简单的原因造成的,比如线束折断、插接器松动或锈蚀、真空管龟裂或脱落等,因此,能以简单方法检查的可能故障部位优先予以检查。比如直观检查,用眼看(眼睛观察线路或插接器是否有断裂、松脱,进气管路有无破损等)、耳听(耳朵或借助螺丝刀、听诊器等听一听发动机有无异响,怠速和急加速是否粗暴,有无漏气声,喷油器有无规律的"咔嗒"声等)、手摸(用手摸一摸相关电器总成、继电器、可疑的线路插接器连接是否有松动;摸一摸电子部件表面的温度有无不正常的高温以判断该处是否接触不良;摸一摸喷油器、电磁阀是否有规律地振动来判断其工作正常与否等),通过采用简便的直观检查方法,将一些较为显露的故障迅速地查找出来。即使故障灯不亮,也要检查一下有无存储故障码,因为1995年以后的ECU(发动机控制装置)大都采用E2PROM(电子擦抹的可编程只读存储器),只要检测到信号中断或变异超过0.5s,便会记录故障码,5s以后故障不再出现,又自动擦去故障码,这时候故障灯是不亮的,但故障存储器中会存储该故障码,称为"历史码",以便下次进厂维护时提醒维修人员检查相关部位。

直观检查未找出故障,需借助于仪器仪表或其他专用工具来进行检查时,也应对较容易检查的先予检查,能就车检查的项目优先进行检查。

二、先思后行、先熟后生的原则

在对汽车电控故障诊断维修时,应针对故障现象首先进行故障分析,明确引起故障的可能原因,确定优先检查的方向和部位,做到有的放矢,避免对与故障无关的部位做无谓的检查,也防止有关的应检项目漏检而多走弯路,即为"先思后行"。"先熟后生"说的是由于车辆设计制造以及使用环境等方面的因素,一些车型的某些故障,常常以某个部件或总成故障比较常见,这样根据平时积累下来的经验,对这些熟悉的部位或易损的总成优先给予检查;另一方面,在汽车电控系统中,有些故障形成的原因很复杂,涉及的应检项目和部位也很烦琐,因此,可以先挑一些自己熟悉的部件、部位或系统优先给予检查,往往也能达到事半功倍的效果。

三、先上后下、先外后里的原则

当前汽车电子装置越来越多,把发动机舱排得满满的,由于空间有限,其布局紧凑,层层相叠,有时为了检查一个部件,首先要拆除周围一大堆零件,这样做既费工又费时,因此,掌握好先上后下、先外后里的原则也是十分有益的。能随手检查的项目随手做;能在发动机舱做的检查不去底盘做;能在外部做的项目不去里面做。

电控系统故障大多数最先出在机构失灵等机械方面(请注意:这里说的机械故障是指电控系统中传感器和执行器机构故障,而并非一般发动机机械),不一定都是由于电信号引起的,因系统机构出了问题,迫使ECU启动备用系统,使电信号产生差异,导致驾驶性能上的障碍。

四、先备后用、代码优先的原则

电子控制系统的一些部件性能好坏,电气线路正常与否,常以其电压或电阻等参数来判断,如果没有相关数据资料,系统的故障判断将会很困难,部件测试也往往无从下手。所谓先备后用是指在检修该型车辆时,应准备好维修车型的有关检修数据资料。除了从维修手册、专业书刊上收集整理这些检修数据资料外,还有一个有效的途径就是利用无故障车辆对其系统的有关参数进行测量并记录下来,作为日后检修同类型车辆的检测比较参数。如果平时注意做好这项工作,会给系统的故障检查带来方便。

电子控制系统一般都有故障自诊断功能,当电子控制系统出现某种故障时,故障自诊断系统就会立刻监测到故障并通过"检测发动机"等警告灯向驾驶员报警,与此同时以故障码的方式储存该故障的信息。但是对于有些故障,故障自诊断系统只储存该故障码,并不报警。因此,在对发动机做系统检查前,应先按制造厂提供的方法,读取故障码,并检查和排除故障码所指的故障部位。待故障码所指的故障消除后如果发动机故障现象还未消除,或者开始就无故障码输出,则再对发动机可能的故障部位进行检查。

总之,汽车电控系统是复杂的综合控制系统,其故障原因与形成远比机械系统复杂得多,在诊断故障时需要掌握系统的检修步骤与方法。从原则上讲,在对汽车电控系统进行故障诊断前,首先需要系统全面地掌握汽车电子控制系统的结构、原理和线路连接方法,明确电控系统中各部分可能产生的故障以及对整个系统的影响;运用科学的故障诊断方法对系统故障现象进行综合分析、判断,确定故障的性质和可能产生此类故障的原因与范围;制定合理的诊断程序进行深入诊断与检查,直到圆满解决,使汽车恢复应有的性能与技术指标。

单元一
汽车发动机故障案例分析

案例1 发动机不能起动的故障案例分析

一、车型故障资料

故障现象：一辆波罗轿车，行驶约1.8万km，因发生交通事故进汽车修理厂修理，维修作业完工后出现发动机不能起动的故障现象，仪表板上EPC(电子节气门)警告灯闪烁。经该修理厂多方检查，找不到解决问题的方法，对于仪表板上的EPC警告灯闪烁，也搞不清楚是何种故障、应当从何处着手解决，于是寻求专家诊断。

二、根据故障现象与维修情况，应考虑的因素

引起发动机不能起动故障的主要因素如下。
(1) 进气管密封不严有泄漏，发动机汽缸压缩压力过低。
(2) 电动燃油泵工作不正常。
(3) 高压火花太弱。
(4) 喷油器漏油或堵塞，喷油器不工作。
(5) 点火系统故障或点火提前角不正确。
(6) 空气流量传感器有故障。
(7) 发动机控制系统故障。
(8) 油箱中无燃油或燃油压力调节过低。
(9) 喷油控制系统有故障。
(10) 电子节气门在起动时处于全开位置。
(11) 空气滤清器严重堵塞。
(12) 冷却液温度传感器有故障。

三、进一步问诊

据车主描述，这辆车在没有出现事故前，车辆运行良好。
修理厂技工反映，他们在处理事故车的修复时很认真，反复用VAG1552查了故障，各系统看上去都正常，主要零部件也都换过，故障依然存在。
使用汽车故障诊断仪进入发动机系统读取故障码为：

（1）发动机控制单元锁死。

（2）发动机控制单元与仪表控制单元没有通讯，同时仪表板显示不正常，仪表板上 EPC（电子节气门）警告灯闪烁。

四、初步诊断分析

上述 12 种原因都可能造成发动机不能起动，由于环境因素以及车型的不同，还可能有其他原因造成此种现象，但不是所有可能的部位都要去检查一遍，因为有故障码出现，根据"代码优先"的原则，应先从检查分析故障码入手。

电喷发动机在设计上均具有很好的起动性能，汽油喷射系统的一般故障通常不会导致发动机不能起动。如果出现不能起动且无着车征兆的故障，其原因是发动机的点火系统、燃油供给系统或控制系统三者之中的一个或一个以上的系统完全丧失了功能。因此，发动机不能起动的故障诊断与排除，应重点集中在上述三个系统中，并做好以下工作。

1. 检查油箱存油情况

打开点火开关，若汽油表指针不动或油量警告灯亮，则说明油箱内无油，应加满汽油后再起动。

2. 采用正确的起动操作方法

通常电喷发动机的起动控制系统要求在起动时不踩加速踏板。如果在起动时将加速踏板完全踩下或反复踩加速踏板以求增加供油量，往往会使电控系统的溢油消除功能起作用，从而导致喷油器不喷油，造成不能起动。

3. 检查点火系统

导致不能起动的最主要原因是点火系不能点火。因此，在做进一步检查之前，应先排除点火系的故障。

注意：在检查电喷发动机的电子点火系统有无高压火花时应采用正确的方法，不可沿用检查传统触点式点火系统高压火花的做法，以防损坏点火系统中的电子元件。

正确的检查方法是：从分电器上拔下高压总线，让高压总线末端距离缸体 5~6mm，或从缸体上拔下高压分线，将一个火花塞接在高压线上，将火花塞搭铁；接通点火开关的起动挡，用起动机带动发动机转动，同时观察高压总线末端或火花塞电极处有无强烈的蓝色高压火花。

如果没有高压火花或火花很弱，说明点火系统有故障。在查找故障部位之前，可先进行发动机故障自诊断，检查有无故障码。现代电喷发动机的故障自诊断系统都能检测出曲轴位置传感器及点火器的故障。如有故障码，则按显示的故障码内容查找故障部位；如无故障码，则应分别检查点火系的高压线圈、高压线、分电器盖、分电器等。点火系统最容易损坏的元件是点火器，应重点检查。

4. 检查电动燃油泵是否工作正常

电动燃油泵不工作也是造成发动机不能发动的最常见原因之一。若电动燃油泵不工作，可用一根导线将电动燃油泵的两个检测插孔短接（如丰田系列轿车为 +B 和 FP），然后接通点火开关，此时应能从油箱口处听到燃油泵运转的声音；或用手捏住进油管时能感觉到进油管的油压脉动；或拆下油压调节器上的回油管，应有汽油流出。

如果短接后电动燃油泵仍不工作，应检查油泵熔断丝、主继电器、电动燃油泵的电路导线、插头等。如果电路正常,则说明电动燃油泵有故障,应更换。

如果短接后电动燃油泵工作了,可试一下在短接状态下发动机能否起动。若可以起动,说明是油泵继电器及其控制电路有故障,使燃油泵在发动机正常起动时不工作。对此,应检查油泵继电器及其控制电路。

5. 检查喷油器是否喷油

如果点火系统和电动燃油泵工作正常,则应进一步检查喷油控制系统(图1-1)。在起动发动机时,检查各喷油器有无工作的"嗒嗒"声。如果喷油器不工作,可用一个大阻抗的试灯接在喷油器的线束插头上(该试灯的阻值要明显大于原喷油器线圈的阻值,并注意绝对不要短路,否则将会损坏电脑)。如果在起动发动机时试灯闪亮,说明喷油控制系统工作正常,喷油器有故障,应清洗或更换喷油器。如果试灯不闪亮,则说明喷油控制系统或控制线路有故障。对此,应检查喷油器电源熔断丝有无烧断,喷油器降压电阻(指低阻值喷油器的车上)有无烧断,喷油器与电源之间的接线是否良好,喷油器与电脑之间的接线是否良好,电脑的电源继电器与电脑之间的接线是否良好。如果外部电路均正常,则可能是电脑内部有故障,可用电脑检测仪(解码器)或采用测量电脑各接脚电压的方法来检查电脑有无故障;也可以换一个好的同型号的电脑试一下(注意:更换电脑测试的方法适用于装备第一代数码防盗系统以前的车型。有防盗功能的电脑轻易不可互换,否则需要重新匹配。如本案例介绍的波罗轿车装备第三代数码防盗系统,不适合采用更换电脑的方法),如能起动,可确定为电脑故障,应修复或更换电脑。

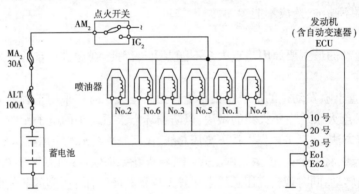

图1-1 喷油器的控制电路

6. 检查燃油系统压力

燃油系统油压过低会造成喷油量太少,也会导致不能起动。在电动燃油泵运转时检查燃油系统油压,正常燃油压力应达300kPa左右(可参阅该车型的有关数据资料)。如果燃油压力过低,可用软布包住钳口,将油压调节器的回油管夹住,阻断回油通路。此时,若燃油压力迅速上升,说明是油压调节器漏油造成油压过低,应更换油压调节器;若燃油压力上升缓慢或基本不上升,则说明油路堵塞或电动燃油泵有故障。对此,应先拆检燃油滤清器或燃油泵上的进油滤网。如有堵塞,应清洗或更换;如滤清器良好,则应更换电动燃油泵。

7. 检查进气系统是否漏气

对于装有直接测量式空气流量计的L型电喷发动机,若空气流量计与进气门之间的气路中有漏气部位,将造成混合气过稀,发动机无法起动。应检查气路中的波纹管、密封垫、真空管及其连接的真空拉力器等是否漏气、脱落等。节气门与进气门之间是否漏气,可在节气门关闭时起动发动机,用接在进气总管上的真空表的读数来判断,若真空度过低,则有漏气部位存在。

8. 检查汽缸压缩压力

若上述检查均正常,应检查汽缸压缩压力。若汽缸压缩压力低于0.8MPa,则说明活塞环、气门或汽缸垫等处漏气,应拆检发动机。

五、仪器测试检查

主要的仪器测试检查有诊断仪检查;万用表测试。其他辅助检测手段还有使用汽车示波器进行波形分析;使用尾气分析仪进行尾气分析等。本次故障分析主要使用故障诊断仪检查故障码,分析动态数据流;使用万用表测试电阻和电压信号,就可以找到故障点。当上述检查不能奏效时,常常还要进行波形分析和尾气分析等辅助分析手段。

1. 诊断仪检查

主要用于读取故障码,分析数据流,还可用于执行器驱动试验、控制器调整、编码、匹配等。

2. 万用表测试

汽车专用的万用表主要用于测试电阻、电压、频率、脉宽、占空比和角度、温度测试等。

3. 汽车故障诊断仪的操作步骤

(1)连接汽车故障诊断仪至点烟器接通12V电源,连接诊断接口至OBD插头,使诊断仪进入诊断界面(图1-2)。

(2)选择"故障测试"(图1-3)。

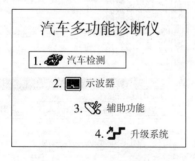

图1-2 进入诊断界面

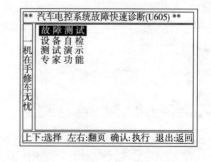

图1-3 故障测试

(3)进入"中国车系"(图1-4)。

(4)进入"按车型选择"(图1-5)。

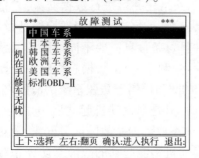

图1-4 进入"中国车系"

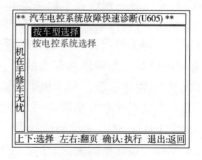

图1-5 按车型选择

(5) 选择"奥迪/大众全车系"(图1-6)。

(6) 进入"大众/奥迪车系"诊断界面(图1-7)。

图1-6 选择"奥迪/大众全车系"　　　　图1-7 大众/奥迪车系诊断界面

(7) 选择大众/奥迪诊断界面的"17-仪表板组合(防盗)"(图1-8)。

(8) 读取仪表电脑版本号。

(9) 读取故障码。

(10) 清除故障码。

(11) 读取动态数据流。

(12) 设定底盘编码(图1-9)。

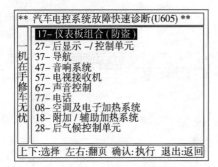 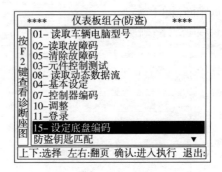

图1-8 诊断界面的"17-仪表板组合(防盗)"　　　　图1-9 设定底盘编码

六、仪器测试检查数据分析

波罗车系采用了CAN数据总线,CAN是控制单元区域网络(CONTROLLER AREA NETWORK)的缩写,这就意味着将各个控制单元之间网络化并可进行数据交流,它将各个控制单元形成一个整体,所有信息都沿两条线路传输,这样就解决了随着新增信息量的加大,线路及控制单元上的插头的数目也增加的问题,并且每条信息需要不同线路的问题也得以解决,这是计算机网络系统在现代汽车上的又一应用,利用CAN数据总线将各个控制单元连接起来,形成了车载网络系统。发动机电脑锁死的故障码属于防盗系统的故障码,但是大众系统的车辆防盗当出现故障时车辆是可以起动的,只是当发动机起动后3s内会自动熄火。设置3s起动延时的目的是为了把防盗触发与点火系或燃油系故障区分开来,避免无谓的检修。可是此车没有一点着车的迹象,于是认为发动机不能起动的故障与防盗系统无关。而与仪表不通信的故障码属于canbus网络故障码,进入ABS电脑进行故障码的读取也发现有仪表电脑没有通信的故障码存在,因此,将故障定性为CAN-BUS网络中的汽车多路信息传输系统的链路(或通信线路)故障,如:通信线路的短路、断路以及线路物理性质引起的通信信号衰减或失真。检测时,根据读出控制单元内的故障码判明,仪表控制单元1与发动机控制单元2和ABS控制单元3之间都无通信(图1-10),即仪表电脑从整个网络中被甩掉了,故障点一定在电脑1与2之间的网线上。关闭点火开关,断开与总线相连的控制单元,检查数据总线是否断路。如果总线无故障,就要检查仪表控制单元1的工作环境(供电电源、搭铁和接点连接等)、控制单元自身是否损坏。

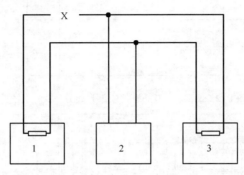

图1-10　三个控制单元之间都无通信
1-仪表控制单元;2-发动机控制单元;3-ABS控制单元

因为检查网线用电阻测量法时需要拔下至少2个电脑的插头,再做线束间测量太麻烦,网线是对数据进行双向传输的。两根线分别被称为CAN高线和CAN低线。数据传输线为了防止外界电磁波的干扰和向外辐射,CAN总线采用两根线缠绕在一起,如图1-11所示。

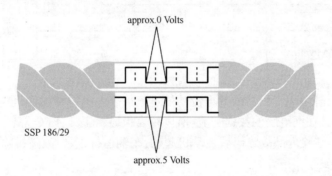

图1-11　CAN总线

所以改用K81示波器中的高速记录仪在canbus网线上,在线进行信号分析测量:拔下仪表电脑插头,将示波器的探针接在仪表板后的网线接口处检测。在仪表电脑工作条件满足的情况下,如果信号正常,说明仪表电脑内部的CAN控制器或收发器故障,需要更换仪表电脑;如果信号不正常,说明网线自身故障,需要检修网线。测试后发现两根线上只有一根有信号,而另一根信号为零(图1-12),说明有一根网线没信号处于断路状态。经检查发现在仪表板后面的线束插头内部一根网线断了,网线的断路导致发动机电脑不能从仪表电脑中接收防盗数据信息,致使车辆不能起动。接好网线后再用示波记录仪分析信号得到如图1-13所示的对称波形,表示canbus数据总线的高位(H)线和低位(L)线传输已恢复正常。

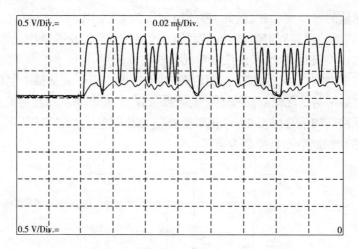

图 1-12 测试后只有一根线有信号,而另一根信号为零

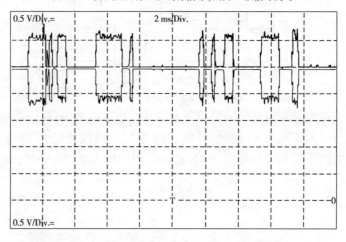

图 1-13 canbus 数据总线传输正常的对称波形

此时打开点火开关用解码器的数据流功能进入仪表电脑看到发动机电脑已进入了系统网络,可以完成与其在网电脑的数据交流,所以仪表板显示正常,EPC 警告灯停止了闪烁,用 K81 进入各个电脑清除内部故障码后发动机起动,车辆运行正常,故障排除。

七、综合分析

在目前常见的发动机电控系统中,CAN 技术在汽车电子领域应用日益广泛。CAN 总线是一种串行多主站控制器局域网总线,是一种有效支持分布式控制或实时控制的串性通信网络。CAN 总线的通信介质可以是双绞线、同轴电缆或光导纤维,通信速率可达 1Mbps/40m,通信距离可达 10km/40Kbps。由于其通信速率高、可靠性好以及价格低廉等特点,使其特别在适合中小规模的工业过程监控设备的互联和交通运载工具电气系统中使用。将 CAN 总线应用在汽车中有很多优点。

(1)用低成本的双绞线电缆代替了车身内昂贵的导线,并大幅度减少了用线数量;提高了可靠性、安全性,降低了成本。

(2)具有快速响应时间和高可靠性,并适合对实时性要求较高的应用(制动装置和安全气囊),是控制平台、信息平台、驾驶平台的互联基础。

(3)CAN芯片可以抗高温和高噪声,并且具有较低的价格,开放的工业标准。

我们知道,普通的电控系统与CAN总线控制是有差异的,但也有共同之处。共同之处是两者都要用电脑检测和控制,不同的是它们的检测和控制的方案不同。CAN双线式的系统中,数据是通过总线按顺序传到与系统相连的控制单元上的。也就是说,汽车上的控制单元通过CAN总线彼此相通。我们在检查数据总线系统前,须保证所有与数据总线相连的控制单元没有功能故障。我们在实际检测的过程中,功能故障不会直接影响数据总线系统,但会影响某一系统的功能流程。例如:传感器损坏的故障其结果就是传感器信号不能通过数据总线传输。所有功能故障排除后,如果控制单元间数据传递不正常,则检查数据总线系统。

本例中,我们检测了油、气、电和有可能存在故障的电脑系统后,又检查了数据总线。在检测过程中,需注意的是:要先读出控制单元内的故障码。总线系统连接的控制单元较多时,要逐一清除之。

总之,要较好地排除汽车故障,就要不断地总结、积累经验,学习新知识,理论联系实际,不断提高技术技能。

八、维修方案或处理意见

在仪表板后面找到线束插头内部断了的那条网线,并按要求连接好。

九、填制检修报告(表1-1)

检 修 报 告 样 表　　　　　　　　　　　　表1-1

姓名		班级		学号		性别	
实验项目				实验日期			
车 辆 信 息							
厂牌型号:波罗		出厂年份:2004		购车日期:2004		使用年份:1年	
VIN代码		发动机型号:V6		变速器型号:		行驶里程:8000km	
燃油及供油方式:汽油电喷		驱动形式:纵置前驱		舒适系统形式:自动AC		其他控制系统:CAN	
牌照号:		上次维护记录:无		历史维修记录:无		维修厂家:随机	
车 主 信 息							
姓名:		性别:		年龄:		驾龄:	
住址电话:		其他联系方式:		固定驾驶人:基本固定			
驾驶习惯:很随意		行驶状态:		高/低速行驶比:3/7		事故记录:有	
故 障 检 修 信 息							
一、车主主述故障症状 　由修理厂代为描述:事故车修复后无法起动							

续上表

二、初步检查记录 外观检视记录:与修理厂技工描述的情况一致。 试车记录: 初步诊断意见:首先按故障码检修,修复故障码后按需要再检查其他部位
三、确定进一步检修方案 确定检测的方法:使用故障诊断仪详细分析故障码的含义。 确定需要检测的部位:关注相关的发动机转速、喷油脉宽、点火提前角、空气质量流量值、氧传感器调整值等数据变化情况。 准备相关检修工具、仪器、设备:K81故障诊断仪
四、记录并分析检测结果 (附图或文字描述检测到的数据,标记超标的数据) 分析:有与汽车网络相关的故障码,清除故障码后再次起动发动机,故障码再次出现,表明是硬故障。故障码分析与动态数据流分析表明可能情况:①发动机电脑锁死,②与仪表控制单元没有通信,同时仪表板显示不正常,仪表板上EPC(电子节气门)警告灯闪烁
五、电路分析 (1)查找该款车型电控系统电路图(根据VAN代码,在库存书籍资料、光盘以及互联网查找)。 (2)分析:经检查发现在仪表板后面的线束插头内部一根网线断了,网线的断路导使发动机电脑不能从仪表电脑中接收防盗数据信息,导致车辆不能起动
六、综合分析 波罗车采用了CAN数据总线,CAN是(控制单元区域网络)CONTROLLER AREA NETWORK的缩写,这就意味着将各个控制单元之间网络化并可进行数据交流,它将各个控制单元形成一个整体,所有信息都沿两条线路传输,这样就解决了随着新增信息量的加大,线路及控制单元上插头的数目也增加的问题,并且每条信息需要不同线路的问题也得以解决,这是计算机网络系统在现代汽车上的又一应用,利用CAN数据总线将各个控制单元连接起来,形成了车载网络系统。每个控制单元的控制都影响汽车的不同性能,汽车不起动的故障可能与安全防盗系统有关,发动机电脑锁死的故障码属于防盗系统的故障码,但是大众系统的车辆防盗系统当出现故障时车辆是可以起动的,只是当起动后3s内自动熄火。可是此车没有一点起动迹象,于是认为此车的故障与防盗系统无关。而与仪表不通信的故障码属于canbus网络故障码,进入ABS电脑进行故障码的读取发现也有仪表电脑没有通信的故障码存在,因此将故障定性为CANBUS网络中的汽车多路信息传输系统的链路(或通信线路)故障,如:通信线路的短路、断路以及线路物理性质引起的通信信号衰减或失真。检测时,根据读出控制单元内的故障码判明,仪表控制单元1与发动机单元2和ABS单元3之间都无通信,即仪表电脑从整个网络中被甩掉了,故障点一定在电脑1与2之间的网线上。关闭点火开关,断开与总线相连的控制单元,检查数据总线是否断路。如果总线无故障,就要检查仪表控制单元1的工作环境(供电电源、搭铁和接点连接等)、控制单元自身是否损坏
七、维修方案 在仪表板后面找到线束插头内部断了的那条网线,并按要求连接好

十、故障再现

使用大众、奥迪各型号车型发动机实训台,设置动力总线高位断路、搭铁短路、高低位搭铁故障,或者设置ECU供电电源熔断丝、继电器故障,或者设置各缸均不点火故障,或者设置各缸均不喷油故障,都能够导致发动机无法起动的故障发生,但诊断流程、故障代码、数据流和其他诊断数据各不相同。各教学单位可结合本校装备设备情况,按照本案例提示的分析方法和诊断思路组织学生开展实习实训,并锻炼学生编制维修档案的能力。

复习与思考题

一、简答题

1. 简述发动机发生不能起动故障时,应考虑哪些因素。
2. 正确描述发动机不能起动故障的分析思路和判断方法。
3. 在课堂讨论的基础上,从油、气、冷却液温度传感器等方面对(8)~(12)应考虑因素进行分析,写出分析结果。

二、单选题

1. 如果点火系统和电动燃油泵工作正常,则应进一步检查喷油控制系统。如果喷油器不工作,可用一个(　　)阻抗的试灯接在喷油器的线束插头上。如果在起动发动机时试灯能闪亮,说明喷油控制系统工作正常,喷油器有故障,应清洗或更换喷油器。

  A. 小　　　　　　B. 中　　　　　　C. 大

2. 在电动燃油泵运转时检查燃油系统油压,正常燃油压力应达(　　)kPa左右。

  A. 100　　　　　B. 300　　　　　C. 3000

三、判断题

1. 电喷发动机在设计上具有很好的起动性能,汽油喷射系统的一般故障通常不会导致发动机不能起动。如果出现不能起动的故障,其原因是发动机的点火系统、燃油系统或控制系统三者之中的一个或一个以上的系统完全丧失了功能。　　　　　　　　　(　　)
2. 在检查电喷发动机的电子点火系统有无高压火花时应采用正确的方法,也可沿用检查传统触点式点火系统高压火花的做法。　　　　　　　　　　　　　　　　(　　)

四、实际操作题

1. 使用发动机故障试验台或汽车整车排故实训系统,由教师设置发动机不能起动的故障(电子点火、电子供油、总线均可),由学生分析故障产生的原因,并能灵活应用教师讲述的诊断过程,判准判断故障部位。
2. 能按正确步骤做发动机不能起动故障所需的基本检测项目,并做好检修记录。

案例2　发动机起动困难的故障案例分析

一、车型故障资料

  一辆奥迪A6 2.6L轿车,美规,行驶150000km,使用期6年,冷车和热车起动均超过3s,这种现象一般在电喷轿车中视为"起动困难"。起动后怠速转速偏高,行驶基本正常。在修理厂做维护时发现:有冷却液温度传感器故障码P0118和EGR温度传感器故障码P1407两个故障码,更换了两个传感器后,故障现象依旧,故障码依旧,寻求"专家诊断"。

二、根据故障现象与维修情况,应考虑的因素

引起发动机起动困难故障的主要因素如下。

混合气偏浓或者偏稀,是造成起动困难的主要原因。造成起动困难的一般原因,概括起来主要有以下几种。

(1)水温信号不正常;

(2)单缸或多缸点火火花弱;

(3)单缸或多缸喷油器堵塞或滴漏;

(4)点火正时不正确;

(5)空气流量或进气歧管压力传感器故障;

(6)真空、废气再循环、二次空气喷射系统(如果车上装配有)泄漏或堵塞;

(7)氧传感器故障。

三、进一步问诊

据车主描述,这种现象持续很长时间了(大约一年),由于只是在每次起动时需要多打几次起动机,其他也没有什么特别的行驶障碍,所以没怎么在意。还有,车主是做商业贸易的,没有多少机械、电子和汽车知识,自认为这种现象属正常范围,因此没有在意。

车辆在市区行驶时间较多,经常往返于货运码头与城区间,高速行驶与中低速行驶比例约3/7(时间比例)。

另据修理厂技工反映,发动机舱比较脏,冷却液温度传感器和EGR温度传感器油腻较多,怀疑是传感器故障,因此换用原厂新件,但换完新件后没有起任何作用,故障还是那样。

四、初步诊断分析

上述7种原因都可能造成冷车、热车或冷热车均起动困难,由于环境因素以及车型的不同,还可能有其他原因造成此种现象,但不是所有可能的部位都要去检查一遍,因为有故障码出现,根据"代码优先"的原则,应先从检查分析故障码入手。

冷却液温度传感器是一个负温度系数传感器,当发动机温度升高时,传感器电阻下降。发动机电控单元接收冷却液温度信息并根据该信息对下列各项进行校正:

(1)冷起动加浓;

(2)修正冷态发动机的喷油和点火正时;

(3)怠速控制;

(4)切断燃油减速。

冷却液温度传感器也在某个预定温度时激活一些系统,如:

(1)加热型氧传感器;

(2)爆震传感器控制;

(3)EGR工作。

EGR温度传感器位于EGR阀的出口处,用于通知发动机电控单元正在启用EGR阀,同

时还测量废气再循环的温度。

五、仪器测试检查

本案例中主要的仪器测试检查有诊断仪检查,万用表测试。其他辅助检测手段还有使用汽车示波器进行波形分析,使用尾气分析仪进行尾气分析等。本次故障分析主要使用故障诊断仪检查故障代码,分析动态数据流;使用万用表测试电阻和电压信号,就可以找到故障点。当上述检查不能奏效时,常常还要进行波形分析和尾气分析等综合分析手段。

1. 诊断仪检查

主要用于读取故障代码,分析数据流,还可用于执行器驱动试验、控制器调整、编码、匹配等。

2. 万用表测试

汽车专用的万用表主要用于测试电阻、电压、频率、脉宽、占空比和角度、温度测试等。

六、仪器测试与数据分析

1. 诊断仪检测分析

该型车故障诊断接口是黑、白色四针诊断接口,在驾驶员前风窗玻璃下面,发动机舱内。使用诊断仪连接诊断接口进行诊断,确实存在冷却液温度传感器 16504 和 EGR 温度传感器两个故障码,表明冷却液温度传感器和 EGR 温度传感器有故障。

（1）故障码分析。故障码的表示有三层含义,一是有几个故障,二是故障代码和该条代码的解析,三是故障的性质。这是所有故障诊断仪都应具备的特点。

诊断仪显示有两个故障,代码解析为冷却液温度传感器和 EGR 温度传感器有故障,故障的性质是水温传感器开路或短路到火线,表明冷却液温度传感器反馈信号高。EGR 温度传感器则是短路到搭铁,表明 EGR 温度传感器反馈信号低(表 1-2)。

传 感 器 电 阻 表　　　　　　　　　　　　　表 1-2

序　号	传感器名称	温度 20℃	温度 80℃
1	冷却液温度传感器	约 2500Ω	约 330Ω
2	EGR 温度传感器	未提供	未提供

（2）数据流分析。动态数据流分析是十分重要的检测手段,它可以直接提供发动机在运行过程中所有能够显示的动态参数,汽车电子系统甚至机械系统的运行情况都能表现出来,分析这些数据,对于准确判断故障是必需的,特别是在没有故障代码存储时尤为重要。

在热车时,冷却液温度传感器动态数据显示发动机水温超过 120℃,EGR 温度传感器动态数据显示 EGR 温度低于 100℃。在怠速工况下,发动机负荷约在 2.3ms 间变化。

从数据流分析看到冷却液温度传感器反馈信号过高,EGR 温度传感器反馈信号又过低,是造成故障的主要原因。数据检测结果与故障码一致,与故障现象也吻合。

2. 万用表检测分析

（1）电路分析。电路分析是汽车电子控制系统故障诊断的重要组成部分,它是万用表测试的依据,如果不能迅速准确地分析判断电路,后面的测试将无法继续进行。电路分析主要是确定电路之间的连接关系,线的颜色,接点位置,以及使用万用表测试的部位等(图 1-14)。

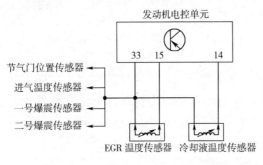

图1-14 水温传感器与EGR温度传感器电路图

由电路分析可知,冷却液温度传感器有一个4针的插接器,1号针脚与电控单元的14号针脚相连,蓝色线,中间没有转接器,这是水温信号的传输线;3号针脚与节气门位置传感器、进气温度传感器、EGR温度传感器、1号和2号爆震传感器有一个接点相连,与电控单元的33号针脚用棕色线条连在一起,这是传感器的共用零线(特别说明:在大众、奥迪车系中,棕色线全部是搭铁线)。EGR温度传感器也是一个两针的插接器,1号针脚与电控单元的15号针脚相连,粉紫色线,中间没有转接器,这是EGR温度信号的传输线;2号针脚与冷却液温度传感器等并联在一起进了电控单元的33号针脚。

冷却液温度传感器属于负温度系数线性输出型的温度传感器,当发动机运行时,2号针脚应该搭铁良好,发动机进入工作温度(95℃)时,冷却液温度传感器电阻值为130~150Ω;而EGR温度传感器属于正温度系数传感器,其标准电阻值厂家未提供。

(2)万用表测试。根据电路分析结论和传感器标准数值,确定万用表检测方案。

传感器部件测试,以确定传感器是否正常工作。

零线测试,以确定电控单元工作是否正常以及传感器校准信号是否正常。

线路导通性测试,以确定温度信号是否顺利送入电控单元。

(3)测试方法与步骤。将发动机运行至工作温度,关闭发动机,迅速拔下传感器插头,将万用表置于2000Ω挡,测量冷却液温度传感器电阻是否符合规范值(图1-15)。

打开点火开关,将万用表置于20Ω挡,以红色表针测量传感器线束插头2号针脚,黑色表针与发动机搭铁,电阻值应小于5Ω。

关闭点火开关,拔下电控单元线束插接器,分别用导线连接电控单元线束插接器14和15针脚,延长至发动机舱。将万用表置于20Ω挡,红色表针分别测量水温传感器和EGR温度传感器1号针脚;黑色表针分别测量电控单元线束插接器延长线,对应的电阻值都应小于5Ω。

图1-15 冷却液温度传感器电阻测试

(4)测试结果分析。水温传感器电阻值正常。

两个传感器均搭铁良好,2号针脚也相互导通。而冷却液温度传感器和EGR温度传感器1号针脚分别到电控单元的14和15针脚线束间电阻都为∞。也就是说:冷却液温度传感器信号不能送入预定的电控单元14号针脚;EGR温度传感器信号也不能送入预定的电控单元15号针脚。这就是问题的所在。

凭直觉判断是到电控单元的14和15号针脚的冷却液温度传感器信号与EGR温度传感器信号电路发生了短路或断路。

(5)进一步检测分析。将万用表红色表针连接水温传感器线束插接器1号针脚,黑色表针连接延长导线,导线的另一端连接一根大头针,用大头针分别测试电控单元线束插接器的所有有线的针脚,发现冷却液温度传感器线束插接器1号针脚与电控单元线束插接器的15

号针脚间电阻小于5Ω。用同样的方法测量发现，EGR 温度传感器线束插接器 1 号针脚与电控单元线束插接器的 14 号针脚间电阻小于 5Ω。也就是说，冷却液温度信号送入了电控单元的 EGR 温度信号针脚；EGR 温度信号送入了电控单元的冷却液温度信号针脚。

再回到发动机舱检查，发现两个传感器的线束插接器相互插反了。正确连接传感器插接器后，故障码消失，发动机起动正常，在2s以内发动机就能够运行。至此，故障排除。

(6)诊断结论。由于两个传感器的插接器相互插反了，导致电控单元接收到的冷却液温度信号是 EGR 温度信号(高温)；EGR 温度信号又是冷却液温度信号(低温)，造成冷、热车均起动困难。在这个案例中，影响发动机正常起动的信号主要是冷却液温度信号(图1-16)。

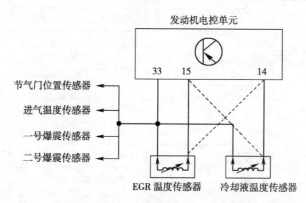

图 1-16　两插接器插反导致信号传递错误

七、综合分析

在目前常见的发动机电控系统中，已经取消了冷喷嘴等装置，电控单元主要依据冷却液温度信号来确定冷车和热车起动的喷油量加浓，通过调整燃油脉宽来实现，进气温度信号作为参考和修正信号。本案例所描述的故障，其冷却液温度信号实际上是获取的 EGR 温度信号，刚起动发动机时，EGR 温度相当于空气温度，夏季空气温度在清晨高于发动机冷却液温度，造成冷起动混合比稀；冬季空气温度可能低于发动机冷却液温度，造成冷起动混合比偏浓，这些都将导致冷起动困难，但不会令电控单元启动备用模式，也不会记录故障代码。而当发动机起动运行后，EGR 温度迅速升温，高达 200℃，大大超出了预计的范围，于是电控单元启动备用模式，将冷却液温度恒定在 80℃，同时记录故障代码，在热起动时，混合比偏浓，又造成热起动困难。

关于电器插接器，在大众、奥迪车系中，是以颜色来区分的，冷却液温度传感器插头是白色的，线束插接器也是白色的；而 EGR 温度传感器插头是灰色的，线束插接器也是灰色的（表示高温），有些插接器可以互换插上，由于车龄 6 年，加之发动机比较脏，白色的线束插接器看上去也是灰乎乎的，两个传感器相距又不远，在近一年前的检修中因工作马虎，将两个插接器插反了。本次维修技术人员不看电路图，不会做动态数据流分析，万用表测试因此也无从下手，于是读到故障代码就先换传感器，故障依旧就没办法处理了。但是新买来的两个进口原装的传感器，在电器插头上还是灰、白分明，遗憾的是维修人员都没有经过正规训练，机械地遵循"从哪里拆卸，还装回哪里"的原则。

这种现象在美、日车系中不多见,各个插接器都不一样,错了也插不上,但在大众奥迪汽车上比较常见。

八、编制检修报告(表1-3)

检修报告编制样本 表1-3

姓名		班级		学号		性别	
实验项目					实验日期		
车 辆 信 息							
厂牌型号:奥迪A62.6L		出厂年份:1998		购车日期:1998		使用年份:6年	
VIN代码:		发动机型号:V6		变速器型号:097短箱		行驶里程:15万km	
燃油及供油方式:汽油电喷		驱动形式:纵置前驱		舒适系统形式:自动AC		其他控制系统:CAN	
牌照号:		上次维护记录:无		历史维修记录:无		维修厂家:随机	
车 主 信 息							
姓名:		性别:		年龄:		驾龄:	
住址电话:		其他联系方式:		固定驾驶人:基本固定			
驾驶习惯:很随意		行驶状态:常去码头		高/低速行驶比:3/7		事故记录:无法提供	
故 障 检 修 信 息							
一、车主主述故障症状 由修理厂代为描述,怠速转速偏高,有两个故障码,换用新件后故障依旧							
二、初步检查记录 外观检视记录:与修理厂技工描述的情况一致,发动机舱较脏,有许多油腻。 试车记录:高、中、低速行驶,基本正常,无特别行驶障碍。 初步诊断意见:首先按代码检修,修复故障代码后按需要再检查其他部位							
三、确定进一步检修方案 确定检测的方法:使用故障诊断仪分析代码含义;分析动态数据流(怠速及行驶状态)。 确定需要检测的部位:冷却液温度传感器与EGR温度传感器,关注相关的发动机转速、喷油脉宽、点火提前角、空气质量流量值、氧传感器调整值等数据变化情况。 准备相关检修工具、仪器、设备:故障诊断仪							
四、记录并分析检测结果 (附图或文字描述检测到的数据,标记超标的数据) 分析:有冷却液温度传感器与EGR温度传感器的故障码,清除故障码后再次起动发动机,故障码再次出现,表明是硬故障。故障码分析与动态数据流分析表明冷却液温度传感器信号高,仪器显示超过120℃,可能情况:冷却液温度传感器直接导通;EGR温度传感器显示温度偏低,仪器显示低于100℃,可能情况:EGR阀卡滞或管路堵塞							
五、电路分析 1.查找该款车型电控系统电路图(根据VAN代码,在库存书籍资料、光盘以及互联网查找)。 2.分析电路(明确连接、位置关系,工作关系以及可能造成的影响)依电路分析可知:电控单元14、15针脚分别是冷却液温度传感器与EGR温度传感器反馈信号线,与传感器1号针脚相连,中间没有转接器;两个传感器的2号针脚相连接,进了电控单元33号针脚,棕色线,在大众、奥迪车系表示搭铁							

续上表

六、根据检测结果和分析判断,确定下一步检修方案(该步方案根据需要随时调整) 万用表测试: (1)传感器部件测试,以确定传感器是否正常工作。 (2)零线测试,以确定电控单元工作是否正常以及传感器校准信号是否正常。 (3)线路导通性测试,以确定各温度信号是否顺利送入电控单元。 检测结果与分析: (1)冷却液温度传感器电阻值都正常。 (2)两个传感器均搭铁良好,2号针脚也相互导通。 (3)冷却液温度传感器和EGR温度传感器1号针脚分别到电控单元的14和15针脚线束间电阻都为∞。也就是说:冷却液温度传感器信号不能送入电控单元14号针脚;EGR温度传感器信号也不能送入电控单元15号针脚。这就是问题的所在。 进一步检测分析: 将万用表红色表针连接冷却液温度传感器线束插接器1号针脚,黑色表针连接延长导线,导线的另一端连接一根大头针,用大头针分别测试电控单元线束插接器的所有有线的针脚,发现冷却液温度传感器线束插接器1号针脚与电控单元线束插接器的15号针脚间电阻小于5Ω。用同样的方法发现,EGR温度传感器线束插接器1号针脚与电控单元线束插接器的14号针脚间电阻小于5Ω。也就是说:冷却液温度信号送入了电控单元的EGR温度信号针脚15;EGR温度信号送入了电控单元的冷却液温度信号针脚14。 再回到发动机舱检查,发现两个传感器的线束插接器相互插反了。正确连接传感器插接器后,故障码消失,发动机起动正常,在2s以内发动机就能够运行。至此,故障排除。 诊断结论: 由于两个传感器的插接器相互插反了,导致电控单元接收到的冷却液温度信号是EGR温度信号(高温);EGR温度信号又是冷却液温度信号(低温),造成冷、热车均起动困难。在这个案例中,影响发动机正常起动的信号主要是冷却液温度信号
七、综合分析 在目前常见的发动机电控系统中,已经取消了冷喷嘴等装置,电控单元主要依据冷却液温度信号来确定冷车和热车起动的喷油量,通过调整燃油脉宽来实现,进气温度信号作为参考和修正信号。本案例所描述的故障,其冷却液温度信号实际上是获取的EGR温度信号,刚起动发动机时,EGR温度相当于空气温度,夏季空气温度在清晨高于发动机冷却液温度,造成冷起动混合比稀;冬季空气温度可能低于发动机冷却液温度,造成冷起动混合比偏浓,这些都将导致冷起动困难,但不会令电控单元启动备用模式,也不会记录故障代码。而当发动机起动运行后,EGR温度迅速升温,高达200℃,大大超出了预计的范围,于是电控单元启动备用模式,将冷却液温度恒定在80℃,同时记录故障代码,在热起动时,混合比偏浓,造成热起动困难
八、维修方案 正确安装两个传感器的插接器,使用故障诊断仪清除故障码

九、故障再现

使用发动机故障试验台或故障试验汽车。

(1)切断冷却液温度传感器反馈信号线,会造成"冷却液温度信号低"的故障,热起动困难。

(2)切断冷却液温度传感器反馈信号线,在电控单元测试端口输入30~50Ω电阻,会造成"冷却液温度信号高"的故障,冷起动困难。

(3)当发动机进入工作温度后,在发动机故障试验台切断传感器零线,将导致电控单元无法校准冷却液温度信号。

(4)当发动机进入工作温度后,在发动机故障试验台控制面板使用可变电阻器,调谐至300~400Ω,发动机运行正常,电控单元也不会记录故障代码,但燃油脉宽会增加,尾气排放超标。

上述故障按本案例的分析思路与测试方法,都能准确地找到故障部位。上述故障的设置,多数车型故障码一致(视车型而定),但故障解析、故障点、故障数据流都不尽相同,很有教学意义,也可运用于技能考核与比赛。最后一个故障判断起来较难,可列为"疑难故障"供各教学单位在实训教学中参考。

复习与思考题

一、简答题

1. 造成起动困难的一般原因主要有哪些?
2. EGR 温度传感器的作用是什么?
3. 根据电路分析结论和传感器标准数值,确定的万用表检测方案主要有哪些?

二、单选题

1. 温度为 80℃时,冷却液温度传感器的阻值约为( )。
   A. 275Ω　　　　B. 330Ω　　　　C. 1250Ω　　　　D. 2500Ω
2. 冷却液温度传感器的冷却液温度信号传输线应通过( )连接。
   A. 冷却液温度传感器的 1 号针脚与其他传感器一起连接到电控单元的 33 号针脚
   B. 冷却液温度传感器的 3 号针脚与电控单元的 14 号针脚直接连接
   C. 冷却液温度传感器的 1 号针脚与电控单元的 14 号针脚直接连接
   D. 冷却液温度传感器的 3 号针脚与其他传感器一起连接到电控单元的 33 号针脚

三、多选题

1. 动态数据流分析是十分重要的检测手段,它可以直接提供发动机在运行过程中所有能够显示的动态参数,对于这些数据的分析适用于何种汽车系统?( )
   A. 汽车电子系统　　B. 汽车机械系统　　C. 两者都是　　D. 两者都不是
2. 关于大众、奥迪车系中的电器插接器,以下描述正确的有( )。
   A. 插接是以颜色来区分的
   B. 冷却液温度传感器插头是白色的,线束插接器也是白色的
   C. EGR 温度传感器插头是红色的,线束插接器也是红色的(表示高温)
   D. 有些插接器可以互换插上

四、判断题

1. 氧传感器故障是造成起动困难的主要原因。　　　　　　　　　　　　　( )
2. 冷却液温度传感器是一个温度系数传感器,当发动机温度升高时,传感器电阻上升。　　　　　　　　　　　　　　　　　　　　　　　　　　　　　　( )

3. 打开点火开关,将万用表置于20Ω挡,以红色表针测量冷却液温度传感器线束插头2号针脚,黑色表针发动机搭铁,电阻值应小于5Ω。 (   )

案例3 发动机怠速不稳的故障案例分析

汽车的怠速不是一种速度,而是指一种工作状况,即车辆处于静止状态,发动机空转时的转速。在发动机起动运行时,手动变速器处于空挡,自动变速器处于P位或者N位,节气门完全关闭(即不踩加速踏板),这时发动机就处于怠速状态。发动机怠速时的转速被称为"怠速转速",一般家用轿车的怠速转速依车型不同,普遍设定在500~800r/min之间。怠速转速也可以通过调整节气门的开度来调整其高低。节气门全关闭时的怠速即称为"低怠速";踩加速踏板,将发动机转速稳定在2000r/min,就称为"高怠速"。"双怠速工况法"是检测汽车尾气的主要方法。怠速工况如果出现故障,会导致发动机油耗增加,发动机运转不稳定,也必然会影响车辆的正常行驶。

一、本田雅阁发动机怠速控制原理

本案例以本田雅阁轿车怠速不稳故障案例为例,来进行发动机怠速不稳的故障案例分析。在开展案例分析之前,有必要先介绍一下本田雅阁轿车发动机电子控制系统的结构、怠速控制原理和故障成因分析。

1. 本田雅阁发动机的结构

广州本田雅阁发动机电子控制系统包括多点程序控制燃油喷射系统(PGM-FI)、点火时间控制系统、怠速控制系统、废气再循环控制、燃油蒸发排放控制及一些其他的控制功能和故障自诊断、故障运行和保障功能。发动机控制系统如图1-17所示。

2. 本田雅阁发动机怠速控制原理

发动机怠速可分为四种情况,即基本怠速、正常怠速、冷车快怠速和负荷怠速。基本怠速即发动机在点火正时恰当,火花塞良好,空气滤清器正常,PCV系统无故障,热车无负荷(空调、灯光和风扇等电器都不工作)以及从怠速控制阀上拆下线束连接器(怠速控制阀不起作用)的情况下的怠速转速。本田F22B4发动机的基本怠速转速为620r/min±50r/min。正常怠速即发动机在基本怠速转速基础上,接上怠速控制阀线束连接器,消除发动机故障代码后重新起动,无负荷运转时的怠速转速。本田F22B4发动机的正常怠速为770r/min±50r/min。冷车快怠速即发动机在冷车状态下,由于燃油不易雾化,机油黏度大等一些原因,发动机尚未处于正常工作状态,为使发动机尽快进入正常工作状态而提升发动机转速时的怠速转速。本田F22B4发动机的冷车快怠速转速为1650r/min±50r/min。负荷怠速指发动机在怠速工况下,由于发电机、空调、风扇或动力转向、变速杆从P挡(或N挡)进入D挡(或R挡)或踩制动踏板时,发动机因增加负荷需维持稳定运转,为保证汽车顺利起步发动机克服阻力而不致熄火的怠速转速。本田F22B4发动机在负荷怠速时,发动机ECU根据空调接通信号、动力转向信号、自动变速器空挡(N挡)或驻车挡(P挡)开关信号,以及制动踏板信号来调节怠速控制阀电压,使其改变进气量。如果怠速控制阀不增加进气量,发动机转速会下降200~300r/min,并伴随怠速不稳现象发生。本田F22B4发动机的负荷怠速为700r/min±50r/min。

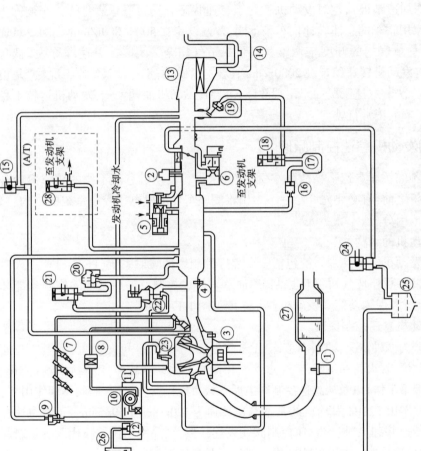

图 1-17 本田雅阁轿车 F22B 发动机 PGM-FI 控制系统图

1-预热氧传感器；2-MAP（进气歧管绝对压力）传感器；3-发动机冷却液温度（ECT）传感器；4-进气温度（IAT）传感器；5-急速空气控制（IAC）阀；6-快速急速温控阀；7-喷油器；8-燃油滤清器；9-燃油压力调节器；10-燃油泵；11-燃油箱；12-燃油蒸发排放（EVAP）阀；13-空气滤清器；14-共振腔；15-喷油器空气控制电磁阀；16-进气共鸣室单向阀；17-时气共鸣室真空控制气箱；18-进气共鸣室控制阀；19-进气共鸣室控制膜片；20-废气再循环（EGR）真空控制电磁阀；21-废气再循环（EGR）控制电磁阀；22-废气再循环（EGR）阀；23-曲轴强制通风（PVC）阀；24-燃油蒸发排放（EVAP）净化控制阀；25-燃油蒸发排放（EVAP）活性炭罐；26-燃油蒸发排放（EVAP）双向阀；27-三元催化转换器；28-发动机稳定控制电磁阀

二、本田雅阁轿车发动机怠速不稳的故障成因分析

在发动机电控系统参与电脑计算的数据当中,任何一个参数失真,都会导致电脑发出错误的指令,轻则令发动机运行不稳、功率下降,重则令发动机无法起动。发动机怠速不稳就是一种电脑发出错误指令或其指令无法执行的症状。主要表现为:怠速时发动机抖动严重、易熄火或转速上下波动等。引起怠速不稳的根本原因可归结以下几点。

(1) 混合气过浓或过稀;
(2) 个别缸不工作或工作不良;
(3) 发动机超出该转速负荷。

造成以上原因的涉及面又很广,几乎涉及发动机电子控制每一个系统。

1. 电子燃油喷射系统

供油压力不足。汽油滤清器脏堵、电动燃油泵磨损、燃油压力调节器弹簧弹力不足都会造成供油压力不足。而电脑是把喷油的绝对压力作为一个恒定值,靠改变开启喷油器的脉冲宽度来控制喷油量。如果喷油压力低于正常值,就会导致喷油量变小,使混合气变稀。

此外,喷油器堵塞、喷油器不工作、喷油器雾化不良等都会引起怠速不稳。

2. 电子点火系统

点火系统引起的怠速不稳通常是高压分火线老化漏电、火花塞工作不良或失效,造成缺缸或点火不良。火花塞间隙应在 1.0~1.1mm 之间,中心电极无烧蚀;高压线无裂缝无老化,且电阻小于 $25k\Omega$。不符合要求时应更换火花塞或高压线。

3. 怠速控制系统

本田车系的各型车大多改用了转阀式怠速控制阀,取消了石蜡式快怠速控制阀,在结构上有较大的变化。

转阀式怠速控制阀体积小,质量轻,对控制信号的响应性好,控制的空气通道面积大,故而省略了反应迟钝,且故障率较高的石蜡式快怠速控制阀。

转阀式怠速控制阀主要由圆柱形永久磁铁转子、线圈 T_1、线圈 T_2 和转阀等组成,其结构与工作原理如图 1-18 所示。

它利用两组线圈通电后产生的合成磁场力与永久磁铁转子的一磁场力相互作用,使永久磁铁转子和转阀偏转一定角度的方法来调节空气量,从而完成快怠速控制和保持最低怠速平稳。转阀式怠速控制阀的工作情况如下。

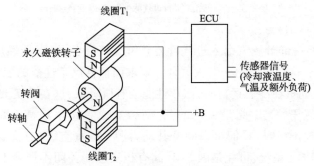

图 1-18 转子式怠速控制阀的结构与工作原理

点火开关断开时，ECU无控制信号输出，两组线圈T_1和T_2因无电流通过而无磁场力，永久磁铁转子的磁性对铁芯产生反吸引，使转阀处于全关闭状态，切断怠速空气通道。此时永久磁铁转子磁极为一上一下。

点火开关接通时，ECU输出控制信号（占空比信号），驱动功率管（图中未画出）使两组线圈T_1和T_2同时通电而磁化，由于两组线圈的平均通电时间相等，因而产生等强度的合成磁场，与永久磁铁转子产生的磁场相互作用使永久磁铁转子和转阀旋转而处于全开状态，此时永久磁铁转子磁极为左一右，两组线圈的合成磁场强度与永久磁铁转子的磁场强度相平衡，永久磁铁转子和转阀保持不动，为起动提供最大的空气量，便于发动机起动。

发动机起动后，ECU根据各种传感器信号（冷却液温度、进气温度及额外负荷等），使功率管以相应占空比的方式使两组线圈的通电时间发生变化，从而使两组线圈的磁场强度变化。由于两组线圈磁场强度失衡，永久磁铁转子和转阀即偏转相应的角度，处于需要的位置。占空比越大，永久磁铁转子和转阀偏转的角度越大；反之则越小。

若怠速空气控制阀（IAC）因脏污卡滞或其控制线路断路，这时当发动机要提升怠速时，电脑发出的指令无法执行，进气量无法满足负荷的要求，就会导致怠速不稳或熄火。怠速空气控制阀结构如图1-19所示。

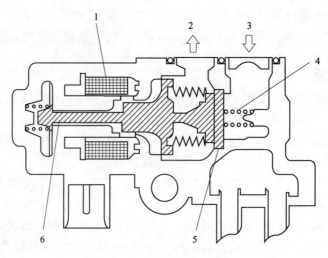

图1-19　本田雅阁汽车IAC阀
1-线圈；2-接进气歧管；3-来自进气滤清器；4-弹簧；5-阀；6-轴

4. 废气再循环（EGR）系统

废气再循环是将一部分废气引入进气管与新鲜空气混合，以降低燃烧温度抑制有害气体NOx生成的装置。这是一种出于对大气环保要求而牺牲汽车性能的装置，特别是在怠速、低转速、小负荷及发动机在冷态运行时，汽车性能会有所降低，这在北美要求较高，所以发动机在冷态和怠速情况下，EGR阀是关闭的，否则会造成怠速不稳甚至熄火。如果怀疑是EGR阀故障引起怠速不稳时，我们可以断开其动力源——真空管（在怠速的时），如果故障消失说明问题出在EGR系统，可能是因EGR阀有积炭卡滞关闭不严或EGR控制电磁阀关闭不严所致（如图1-20所示，后者在拔下真空管时有漏气声）。

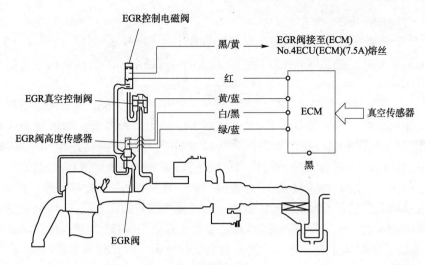

图 1-20 本田雅阁 EGR 系统

5. 燃油蒸气净化控制系统(图 1-21)

当发动机温度低于 75℃ 或在怠速情况下,EVAP 净化控制阀应关闭,否则可导致混合气过浓,引起怠速不稳。

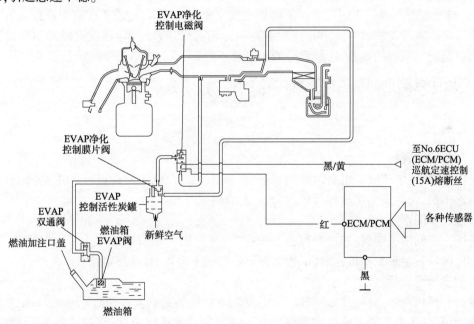

图 1-21 燃油蒸气净化控制系统示意图

6. 相关传感器

(1) 节气门位置传感器。节气门在怠速情况下由于脏污不能回到正确的位置上,造成进气量加大,怠速过高。本田雅阁数据流测试在节气门全开时端电压应为 4.5V,怠速时端电压应为 0.5V。

(2) 冷却液温度传感器。冷却液温度传感器是利用热敏电阻的电阻值变化来检测冷却水温变化的,并将电阻值的变化量换成电压的变化输入控制模块中,根据冷却液温度的情况对基本喷射时间进行修正。

(3)进气温度传感器。控制原理和水温传感器相同。进气量与进气的密度有关,而密度又与进气的温度有关。温度越高,密度越小,进气量也就越小。发动机根据这一信号对基本喷油量进行修正。

(4)进气歧管绝对压力(MAP)传感器。进气歧管绝对压力传感器是决定喷油量最重要的传感器。它反映给电脑的值是否准确,就决定了空燃比是否准确。如果发动机怠速不稳同时伴有排气管冒黑烟现象,我们就要怀疑是否 MAP 传感故障或是连接 MAP 传感器的真空软管脱落、漏气,ECM 误以为是发动机大负荷运转,加大喷油量使混合气过浓。

(5)开关信号。空调(AC)开关、动力转向(EPS)开关、制动开关等信号不能到达 PCM。这些增加发动机负荷的开关接通,PCM 将通过怠速空气控制阀提升怠速,以便让发动机有足够的动力来驱动。这种故障带有一种伴随性,通常在开空调、打转向盘或踩制动踏板时引起怠速不稳,而在其他时候怠速正常。这种有针对性的故障一般比较容易排除。

7. 机械故障

(1)汽缸压力不足。汽缸、活塞环因磨损导致配合间隙过大,或是某些缸活塞环折断造成漏气。发动机汽缸压力不足表现为不易起动,发动机功率下降,在低速时运行不稳,特别在怠速的情况下。本田雅阁汽缸压力额定值为 1230kPa,最小值为 930kPa。

(2)点火正时不准。正时皮带严重磨损或张紧轮弹力不当,造成正时皮带跳齿。这时的曲轴位置传感器所反映的一缸上止点位置与实际值有所偏差,会导致点火时间不准确。同时还会引起配气相位的偏差,这些都会造成怠速不稳。

三、本田雅阁发动机五个怠速不稳定案例技术分析

【案例1】

1. 车型故障资料

一辆 2010 年生产的广州本田雅阁轿车,搭载 2.4Li-VTEC4 发动机。车主反映:该车发动机怠速不稳,而且发动机故障灯偶尔会点亮,有时又不亮。

2. 进一步问诊

经进一步问诊了解到,该车在行驶至 30000km 时,因为车身前部发生了碰撞事故,在其他修理厂曾经拆装过发动机,更换了损坏的器件与相关设备,且动过电路。

3. 初步诊断分析

进行外观检视并连接故障诊断仪,发现发动机怠速转速确实在 700~1000r/min 之间不断变化,而且仪表板上的发动机故障灯点亮。进行怠速加速试验,踩下加速踏板后,发动机转速在升高到 1800r/min 之前只能保持缓慢提升状态,当提高发动机转速提升至 1800r/min 以上时,踩加速踏板,发动机转速才可以顺利提升。

4. 故障代码检查

用本田专用诊断仪 HDS 读取发动机故障码,发现有 P0511 和 P2195 两个故障码,代码含义分别为怠速空气控制(IAC)阀电路故障和空燃比(A/F)传感器信号偏稀。

5. 动态数据流分析

(1)数据流检测分析。用本田专用诊断设备 HDS 查看数据流,发现有 4 个数据异常。

①节气门位置传感器显示节气门开启角度在9%~15%之间变化,明显超标。

②怠速控制阀的数值在9%~18%之间变化,明显超出动态运行正常范围的。

③喷油时间在4.67~10.00ms之间变化,且会无规律地出现0ms,即喷油器不喷油的现象,这显然是不符合发动机正常运行规律的。

④点火提前角在7°~14°之间变化,且会无规律地出现-2°和-10°等数值。

从数据流看,异常的数据都与故障码P0511相关,按照维修手册上P0511的故障检修流程检查,线路外观连接没有问题,清除故障码后,发动机运转正常。但经一段时间路试,故障复又出现。由此判断,应该是由于振动导致线路接触不良的情况。

(2)万用表检测分析。

①电路分析。查阅怠速控制系统电路图(图1-22),将怠速控制阀上3端子插头中的黑/红色信号线与发动机控制单元上的线束插接器A12中的黑/红信号线直线相接,然后进行路试,长时间没有出现故障。由此,断定该段线路有故障。

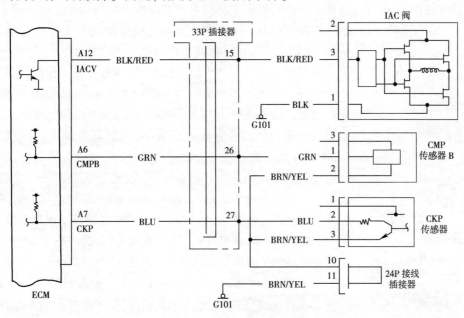

图1-22 怠速控制阀及凸轮轴位置传感器部分电路图

②万用表测试。在ECM A12端子黑/红色线与发动机车身搭铁之间接入万用表,测试直流电压,静态电压为11.8V,等于电源电压,一切正常;上路行驶试车,一段时间后,电压突变0V,发动机故障灯点亮,同时出现发动机怠速抖动现象。

通过以上检查,可以断定发动机控制单元上的线束插接器A12中的黑/红色信号线与怠速控制阀信号线之间存在接触不良故障。

再次对怠速控制阀线路进行全面检查,当拔下发动机线束与电脑之间的33P插头时,发现一根插针已经被向后顶回到插头内,这样插针就不能完全与插孔相接触,只是表面接触,造成线路连接不良。

6. 故障排除

将插针重新固定后安装到位,确认接触良好,故障随之排除。

[课堂讨论]

(1)学习本案例后有何启发？

(2)发动机怠速不稳,主要应从哪些方面诊断检查？

[讨论提示]

从车辆维护工作态度、电路分析、数据流分析和万用表测试入手,认真细致地查找引起故障的真实原因。

【案例2】

1. 车型故障资料

一辆本田雅阁(HONDA ACCORD)2.2EXI型乘用车,发动机型号为F22B4。发动机怠速时转速在1200～1800r/min之间上下波动,不但发动机怠速转速偏高,而且运转很不平稳。

2. 初步诊断分析

本田F22B4发动机怠速控制由怠速控制阀和快怠速控制阀共同作用来完成。该车怠速空气控制阀(IAC)其结构类型为直线电磁式怠速控制机构,这是一种比例电磁阀的结构形式,由电磁线圈、阀轴、阀等主要部件构成。它利用电磁线圈产生的电磁力,使阀轴在轴向作位移,从而改变控制阀的开度。当弹簧力与电磁吸力相平衡时,阀门开度处于稳定状态。而电磁吸力的大小取决于ECM根据发动机工况送至电磁式怠速控制阀的驱动电流大小,当驱动电流大时,电磁吸力大,阀门开度也大;反之,当驱动电流小时,电磁吸力也小,阀门开度也小。快怠速阀为蜡式感温开关式,感受从发动机引来的冷却液温度。当冷却液温度低时,蜡式感温器收缩,使空气经旁通阀绕过节气门进入进气管,从而提高冷车怠速,在冷却液温度升高后,快怠速阀蜡式感温器受热伸长,使旁通阀关闭,此时的怠速进气量由怠速控制阀和怠速调节螺钉控制。快怠速阀结构如图1-23所示。

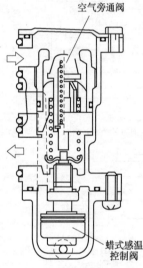

图1-23 快怠速阀(温控阀)

该车怠速如果稳定在1200～1800r/min之间的某一转速,则说明怠速转速过高,通常是由于管路漏气、某个控制阀失控或怠速控制阀因脏堵塞、阀芯卡滞不能复位等原因所致。而该车的故障现象是发动机转速忽高忽低地喘振,说明发动机转速有下降的趋势,只是由于某种原因而降不下来。

于是针对以上可能原因做了常规检查,清洗了怠速控制阀,调整了怠速螺钉,情况没有明显好转。于是拆下空气滤清器与节气门之间的软管,把手伸入节气门体内,用手指把快怠速阀的进气口堵住,发动机怠速转速立即稳定在800r/min(此时发动机已在正常温度下)。由此可知,冷却液在正常温度时,快怠速阀应当关闭,用手指堵住快怠速阀的进气口,发动机转速不应该有什么变化。显然这是快怠速阀漏气、关闭不严的结果。

3. 进一步诊断分析

经分析认为:发动机ECU根据发动机转速传感器送来转速升高的信号,同时又根据节气门位置传感器送来的怠速触点处于闭合状态的信号,以及自动变速器处于停车挡(P)的信号,还有冷却液温度正常的信号作出判断,认为现发动机转速不应该那么高,便指令喷油器断油以期降低油耗。本田车当节气门关闭,发动机转速超过1250r/min时,ECM执行断油控制,断油后发动机转速立即下降,降到一定程度再恢复供油。与此同时,急速控制阀也由发动机ECU传来的电压和电流信号来控制进气歧管的空气量。但由于快急速阀漏气,使发动机转速超过工况的正常转速,如此不断反复,造成该车发动机怠速忽高忽低的不稳定现象。

4. 故障检修

检修快急速阀,拆卸时要先等发动机冷却到一定程度,然后打开散热器盖释放其中的压力,以防止高温高压的冷却液从快急速阀冷却液管口喷出烫伤。出乎意料,快急速阀未发现异常。最后还是换用了一个新的快急速阀,但故障依旧。由于以前已证实故障是由于快急速阀漏气所致,所以肯定和通过快急速阀循环的冷却液温度有关。检查快急速阀的进水管路没发现异常,于是怀疑是管路堵塞。快急速阀进水管前有一段铁质的U形水管,该水管的两端各有一根橡胶管,一端接快急速阀进水管,一端接节温器处发动机小循环出水口的小水管。检查时,用手触摸U形铁管两端的胶管,感觉温差较大。拆下U形管朝里面吹气,是不通的。用细铁丝线疏通,无法通过,最后用锯片把它锯断,由于管身较小,里面全被灰白色的水垢堵死。

5. 故障成因分析

U形管堵塞的原因是由于使用了劣质的冷却液,引起水套和U形管的腐蚀并产生水垢堆积,腐蚀物在大水道中不易滞留,最后滞留在内径只有7mm的U形水管的拐弯处造成堵塞。这样,快急速阀蜡式感温器感受的冷却液温度就不是发动机实际的工作温度,于是快急速阀在任何时候都处于冷车快急速的状态。

6. 故障排除

最后换用新的U形水管,清洗冷却系统,加入优质冷却液,故障排除了,发动机急速转速平稳,运转正常。

【案例3】

1. 车型故障资料

一辆正常行驶的本田雅阁(ACCORD)轿车,在更换喇叭后出现不能起动,且故障灯常亮的故障现象。

2. 初步检查

使用诊断仪读取故障代码亦不输出数据,初步判定为电脑损坏。拆下电脑插头检查测试,原来是给ECU供电的一个三极管击穿,更换损坏了的三极管装车试验,故障灯熄灭,车辆可以正常起动,但急速明显不稳,而且发动机抖动,加速粗暴。

3. 进一步检查

(1)先做断火试验,发现第二缸不工作。
(2)在更换了火花塞以后,试火正常。
(3)进一步检测喷油器电阻也是正常的。
(4)拆下分电器转动转轴,喷油器工作正常。
(5)测量汽缸压力,其他三缸均为1.2MPa,而第二缸仅为0.2MPa。分解发动机,更换缸套、活塞环,装车试压,第二缸汽缸压力也恢复正常了。

（6）再次起动发动机，第二缸仍然不工作。

从理论上分析，有火、有油、汽缸压力也正常，发动机就应该点火做功。唯一的原因应当是进气中废气含量太多所致。在各缸缸压正常的情况下，一般不会只在其中一缸存在进气不足的情况，那么只可能是废气含量太多而使某个汽缸工作不良。本田雅阁进气歧管外观如图1-24所示。

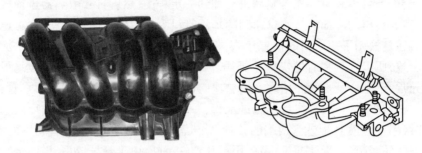

图1-24　本田雅阁进气歧管上、下歧管外观图

4. 故障排除

拔掉废气再循环阀上的真空管，发动机运行立即恢复正常，故障也消失了。原来是控制废气再循环的电磁阀漏气，而使怠速状态下进入进气歧管的废气过多，使混合气过稀不能正常燃烧。

5. 诊断结论

从结构上分析，废气循环是单管输入的，废气过多通常会影响四个缸同时工作不良，而该车为何只对第二缸影响较大？究其原因，应该是由本田雅阁车型进气歧管的结构所致的，虽然没有风洞试验相关数据支持，但因结构原因使废气流恰巧大部分都进入了第二缸，因此只导致第二缸吸入的再循环废气过多而无法正常燃烧，应该是故障原因所在。

【案例4】

1. 车型故障资料

一辆本田雅阁轿车发动机拆装后，出现发动机起动后故障指示灯不熄灭、怠速不稳、开空调后转速反而下降的故障。

2. 读取故障码

根据"代码优先"的原则，由于故障指示灯亮，因此可借助故障诊断仪读取故障码，然后按照代码指引进行诊断维修。首先连接故障诊断仪读取故障代码，显示P0113，表明进气温度传感器线路输入电压太高。

传感器输入电压太高的故障原因包括：

(1) 传感器反馈信号电路短路到正极；

(2) 传感器本身有故障；

(3) 发动机控制单元有故障。

本田汽车涉及进气温度传感器的故障代码共有五个，如表1-4所示。

本田汽车进气温度传感器故障代码 表1-4

序号	故障代码	代码含义	备注
1	P0110	进气温度传感器线路间歇性不良	
2	P0111	进气温度传感器线路不良	
3	P0112	进气温度传感器线路电压太低	
4	P0113	进气温度传感器线路输入电压太高	
5	P0114	进气温度传感器线路间歇故	

3. 数据流分析

使用故障诊断仪进入"数据流"界面,仪器显示进气温度传感器测量温度 -40℃,表明进气温度传感器反馈信号短路到正极、传感器本身有故障、电脑有故障。

4. 进一步诊断分析

进气温度传感器的作用是检测进气温度,为发动机控制单元(ECU)提供当前发动机进气温度值,作为 ECU 计算空气密度、空气质量、将空燃比调整至最佳状态的参考信号。工作原理是进气温度传感器为一个负温度系数热敏电阻,当温度升高,电阻减小;当温度降低,电阻增大,并随着温度、电阻的变化,反馈电压在 0V~5V 之间发生变化。一般热车时进气温度传感器反馈电压为 2.3V 左右,冷车时根据各地区纬度不同电压信号也略有不同。如果发动机控制单元检测到进气温度传感器信号电压高于设定的最大值(即 4.6V 或 50℃),该故障代码就会出现,发动机控制单元会自动调制一个默认值,设定在 -40℃ 工作,以代替有故障的进气温度传感器。图 1-25 为进气温度传感器电路图。

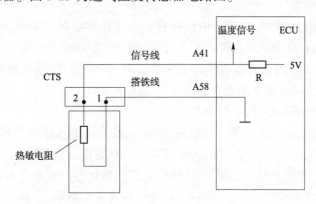

图 1-25 进气温度传感器电路图

5. 线束及部件测试

(1)拔下传感器线束插头,将万用表调至电压测试挡,测量端子 2 电压,显示 5V,是正常的。这是由发动机控制单元给出的传感器 5V 参考电压。

(2)将万用表调至电阻测试挡,测量进气温度传感器电器插头端子 1 和 2 之间的电阻,显示 0Ω,表明热敏电阻被烧穿了。

6. 故障排除

此时发现进气温度传感器插头的两根导线拉得很紧,开始怀疑是布线不好造成。把进气温度传感器从进气歧管上拆下来,发现传感器测量头已经烧成黑色,且感应芯也变形凸起。更换新的进气温度传感器,故障排除。

7. 故障成因分析

进气温度传感器在低温环境下工作,且没有大电流经过,为何会被烧成这样呢?带着疑问,继续检查怠速控制阀,发现原来怠速控制阀就安装在温度传感器的附近,且两者的插头一模一样,但怠速控制阀的插头导线明显比进气温度传感器的长很多,因而判定是在安装发动机时,把两个插头插错了。由于怠速控制阀属执行元件,工作电压高,因此导致进气温度传感器被烧坏。而怠速控制阀的线束插头被插到了进气温度传感器上,因此发动机控制单元无法有效对怠速控制阀进行控制和调整,于是出现本案例开头的发动机运行怠速不稳;打开空调增加了负荷,也不能及时对发动机转速进行怠速补偿。

【案例5】

1. 车型故障资料

一辆本田雅阁商务乘用车,装备有 DOHC16-VALAE 四缸电控发动机,发动机起动后怠速不稳,而且易熄火,车辆行驶中故障指示灯一直点亮。车主反映该车加速性能不好,换挡加速时还有"后坐"的感觉。

2. 初步诊断与路试

先对车主反映的问题进行全面验证。接通点火开关,起动发动机,发现发动机在怠速运转时,转速不稳定且机身抖动,类似"缺缸"故障。将车辆开上路面进行路试,路试过程中换挡加速时,确实能感觉到有"后坐"现象。而且仪表板上的故障指示灯一直亮着。

3. 故障诊断仪检查

根据"代码优先"的原则,首先读取故障代码。连接好故障诊断仪,共读出三个故障代码,分别为 P0170、P0302、P0510。代码含义:P0170 的含义是混合气稀;P0302 的含义是第 2 缸间歇性不点火;P0510 的含义是节气门关闭位置开关(怠速开关)电路故障。故障代码的提示内容和该车的故障现象基本吻合。

4. 进一步诊断分析和部件测试

(1)根据"先简后繁,先易后难"的原则,依据故障代码 P0302 的检修提示,先拆下四只火花塞,目测检测第 1、3、4 三个汽缸的火花塞均呈浅铁锈色,说明这三个汽缸工作是基本正常的;而第二缸的火花塞上有黑色积炭,说明该缸因间歇性断火而工作不良。目测四只火花塞的电极均已出现老化迹象,而且间隙过大。在征得车主同意后,更换装了四只新的同型号火花塞。再使用万用表欧姆挡测量第二缸的高压线,其电阻值为 30kΩ,阻值明显过大已经不能再使用了。因此,更换了一根电阻值为 10kΩ 的新高压线。

(2)根据故障代码 P0510 的检修提示,仔细检查了节气门体下部的怠速开关,发现其线束插头的连线已断,重新连好线束插头的连线,然后将插头插回到怠速开关插座上。

(3)根据故障代码 P0170 的提示,把该车的四只喷油器拆下来,用喷油器测试台对喷油器进行了彻底清洗。又将该车的节气门体拆下来,用化油器清洗剂进行了仔细清洗。

5. 故障排除

通过上述检修作业,再使用故障诊断仪清除以前存储的故障代码,然后起动发动机,此时发动机呈暖机的快怠速工况,过了一会发动机温度上升,怠速也随之下降,并且运转十分平稳,故障指示灯也不再点亮。怠速不稳和易熄火的故障均已排除。

6. 路试验车

随后进行了路试，车主反映换挡加速性能有所改善，但还是感觉有轻微的"后坐"现象，初步分析此故障可能是燃油系统压力不足造成的。把燃油压力表接到进油管接口上，然后接通起动机，此时燃油压力表读数为550kPa，该压力值基本正常。根据以往的检修经验，还是把燃油泵从燃油箱中拆下来，目测其滤网上有一些污物，但不严重，燃油箱内基本清洁。用化油器清洗剂把燃油泵滤网上的污物清洗干净后，将燃油泵装回燃油箱中。再起动发动机进行路试，其故障依旧。

接着用正时灯检测该车的点火正时，未发现异常情况；又仔细地检测了全部高压线的电阻值，也没有发现异常现象。最后打开了分电器盖，发现分电器盖的内壁有黑色污物，而分火头严重烧蚀。是否因为分电器工作不良，发动机高速断火而造成发动机加速性能下降呢？用棉纱擦净分电器盖内壁上的污物，又换装了一只新的同型号的分火头后，再起动发动机进行路试，其换挡加速性能良好，故障完全排除。

四、故障再现

使用发动机故障试验台或者整车排故实训系统，设置空气流量传感器、节气门位置传感器、进气歧管压力（MAP）传感器、怠速控制阀、废气再循环阀、燃油蒸气净化阀、单缸点火或者单缸喷油的故障，均能导致发动机怠速不稳的故障现象发生。指导学生按照本案例提供的诊断思路及操作过程开展实习实训，记录检测数据和检修过程。

复习与思考题

一、简答题

1. 造成怠速不稳的根本原因可归结为哪几点？
2. 本田雅阁发动机有哪几种怠速情况？本田 F22B4 发动机在这些情况下的转速为多少？

二、单选题

1. 节气门全开时端电压应为（　　）V，怠速时端电压应为（　　）V。
   A. 0.5/4.5　　　　　　　B. 1.5/5
   C. 4.5/0.5　　　　　　　D. 5/1.5
2. 发动机怠速不稳同时伴有排气管冒（　　）现象，我们就要怀疑是否MAP传感故障或是连接MAP传感器的真空软管脱落、漏气。
   A. 黑烟　　　　　　　　B. 蓝烟
   C. 白烟　　　　　　　　D. 黄烟

三、多选题

1. 下列关于发动机怠速状态描述正确的有（　　）。

A. 发动机起动运行时,手动变速器处于空挡,节气门完全关闭
B. 发动机起动运行时,手动变速器处于空挡,节气门完全打开
C. 发动机起动运行时,自动变速器处于 P 位或 N 位,节气门完全关闭
D. 发动机起动运行时,自动变速器处于 D 位或 R 位,节气门完全关闭

2. 关于传感器对怠速工况的影响,以下描述正确的有(　　)。
   A. 进气温度传感器是一个热敏电阻,当温度升高,电阻减少
   B. 进气温度传感器是一个热敏电阻,当温度升高,电阻增大
   C. 进气温度传感器的信号电压过高时,ECU 会自动调制一个默认值,设定在 -40℃ 工作,以代替有故障的进气温度传感器。
   D. 一般热车时进气温度传感器反馈电压为 2.3V 左右

四、判断题

1. "双怠速工况法"是检测汽车尾气的主要方法。　　　　　　　　　　　(　　)
2. 当发动机温度小于 75℃ 或在怠速的情况下,EVAP 净化控制阀应打开。(　　)
3. 正常怠速即发动机在冷车快怠速转速基础上,接上怠速控制阀线束连接器,消除发动机故障代码后重新起动,无负荷运转时的怠速转速。　　　　　　　　　　(　　)

案例 4　发动机加速不良的故障案例分析

一、车型故障资料

一辆别克新世纪 SGM7300GLX 轿车,已行驶 5 万 km,该车行驶速度在达到 100km/h 时,出现"闯车"、后挫和车速上不去的现象,在低速行驶时则没有这种现象。出现故障时,发动机故障指示灯不亮。

二、根据故障现象与维修情况,应考虑的因素

引起发动机加速不良故障的主要因素如下。
(1) 点火系统工作不良;
(2) 燃油系统工作不良;
(3) 空气流量传感器信号不良;
(4) 废气再循环系统故障;
(5) 曲轴位置传感器工作不良;
(6) 怠速控制阀工作不良;
(7) 节气门位置传感器信号不良。

三、进一步问诊

经询问车主,以前该车加速不良经常间歇性出现,曾在别处做过维修,但问题始终没有得到解决,最近加速不良的现象越来越频繁严重。

四、初步诊断分析

造成加速不良的故障多是由于燃油压力不足、点火系统工作不良,节气门位置传感器故障、曲轴位置传感器故障或其他原因造成的,应重点检查这些部位。

五、仪器测试与系统检查

用故障诊断仪读取发动机故障码,系统没有存储故障码。

拆下燃油滤清器,发现燃油滤清器很脏。换用新的燃油滤清器后,接上油压表测量油压,怠速时油压为295kPa(标准284～325kPa),加速时油压上升到345kPa,熄火10min后油压仍为250kPa,以上检测显示油压系统是正常的。为防止油泵滤网过脏,拆下油泵滤网后,发现油泵滤网不是很脏,于是装复油泵滤网总成。

拆下喷油器进行清洗,喷油器雾化良好,且无滴漏现象。

六、动态数据流检测分析

1. 诊断仪动态检测数据分析

检测检测仪器并接上油压表,观察发动机电控系统各传感器的动态数据流及油压变化,并进行路试。当汽车出现发闯现象时,燃油压力为300kPa,节气门位置传感器开度和电压信号均正常,空气流量传感器数据、点火提前角和喷油脉冲宽度也正常,而且没有故障码存储。但此时却发现氧传感器输出信号出现偏浓的信号,而当发动机工作正常时,氧传感器信号就恢复正常了。由于电子供油系统工作正常,则造成上述故障原因是点火不良导致的成分就越来越大了。考虑影响点火的因素除了高压线和火花塞外,还有曲轴位置传感器、点火模块、点火线圈和ECU,于是进行进一步部件测试。

2. 万用表、示波器检测分析

检查火花塞和高压线,发现火花塞的中心电极有轻微烧蚀,高压线外观无破损,测量其电阻值都小于8kΩ,均正常。更换一套新火花塞后,故障依旧。

由于该车采用双缸同时点火(DLI)方式,接下来需要检查点火线圈的静态阻值,结果均符合原车设计要求,装复后试车,并用示波器动态观察次级电压波形,这时发现控制1、4缸点火的点火线圈次级电压比控制2、3缸次级电压要低,问题应该就出在这里了。图1-26为点火系统局部电路图。

七、测试结果分析

由于1、4缸的点火线圈所产生的点火电压间歇性降低,使火花塞发出的火花弱,导致1、4缸间歇性工作不良,并使1、4缸功率下降,因而故障发生时发动机只有2、3缸工作正常。分析该故障造成的原因,应该是点火线圈有故障,当发动机在高速大负荷工况下频繁点火,内部达到了较高的温度,导致1、4缸点火线圈的次级侧在高电压的情况下发生放电短路。由于是间歇性故障,没有达到编码条件,所以电控单元不记录故障代码。又由于1、4缸点火线圈间歇性发生放电短路,导致"只喷油,不点火",才会出现上文所述在故障发生时,混合气偏浓的现象。

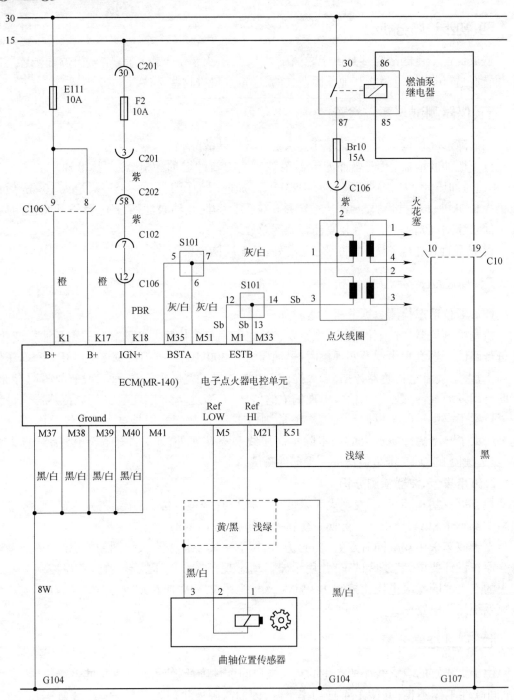

图 1-26 别克轿车点火系统局部电路图

八、故障排除

换用新的同型号的点火线圈,并长时间试车,故障完全排除,交付车主使用,电话跟踪调查,一切正常。图 1-27 为双缸同时点火(DLI)方式点火模块外观图。

图1-27 双缸同时点火(DLI)方式点火模块外观图

九、故障再现

使用发动机故障试验台或者整车排故实训系统。

（1）分别按下1-4缸和2-3缸点火模块控制电路故障设置按钮，可分别造成2个缸内因点火失败而缺缸的故障，与本案例故障极其相似。但发动机电控单元会记录故障码，且使用六缸发动机效果更好。

（2）分别按下各个喷油器故障设置按钮，也会造成因喷油失败而导致缺缸，并加速不良。大众车系发动机控制单元会设置喷油器的故障码。如果在喷油器控制电路上加装一个80Ω电阻，则也缺缸但不会出现故障代码，需要使用故障诊断仪数据流分析、示波器波形分析、万用表测试分析等多种分析手段。

复习与思考题

一、简答题

发生加速不良的故障应重点检查哪些部位？

二、单选题

用油压表测量油压，怠速时油压的标准应为（　　）kPa。
A. 184～225　　　　　　B. 284～325
C. 295～325　　　　　　D. 325～425

三、多选题

点火线圈间歇性故障导致的现象有（　　）。
A. 火花塞发不出火花
B. 点火线圈所产生的点火电压间歇性降低
C. 汽缸功率下降
D. 火花塞发出的火花弱

四、判断题

用油压表测量油压,急速时油压为295kPa,加速时油压上升到345kPa,熄火10min后油压仍为250kPa,以上检测显示油压系统是正常的。（　　）

案例5　发动机自动熄火的故障案例分析

一、车型故障资料

一辆国产红旗世纪星CA7220E3轿车,搭载VG20E型发动机。该车在行驶途中经常间歇性熄火,熄火后起动发动机,有时能顺利起动,有时则不能起动。关闭点火开关,等待几分钟后再起动发动机又能起动。

二、根据故障现象与维修情况,应考虑的因素

引起发动机自动熄火故障的主要因素如下。
(1)点火系统工作不良;
(2)燃油系统工作不良;
(3)空气流量传感器或进气歧管压力传感器信号不良;
(4)废气再循环系统故障;
(5)曲轴位置传感器信号不稳;
(6)急速电控阀工作不良;
(7)节气门位置传感器信号不良;
(8)ECU工作不良。

三、进一步问诊

经询问车主,以前该车自动熄火经常性间歇出现,曾在别处更换过燃油泵、火花塞、点火线圈、点火模块以及分电器等部件,但问题始终没有解决,最近熄火故障出现越来越频繁。

四、初步诊断分析

根据故障现象及规律,感觉诊断的主要方向应该放在电路及各个电子器件上。遂带上必要的工具和检测设备进行路试,大约行驶30km后,发动机突然熄火,试着起动,但不能顺利起动。立即下车检查高压电,结果发现起动时没有高压电,于是锁定故障点在点火系统及其相关电路。

五、部件测试检查

参照该车型发动机点火系统电路图(图1-28),拔下点火线圈上的插头,用自制发光二极管制作的试灯测试1脚导线,试灯能够点亮,说明点火线圈初级电路有电。拔下点火模块插头,用试灯测试1脚导线,起动发动机,发光二极管并不闪烁,这说明发动机控制单元没有给出点火信号。

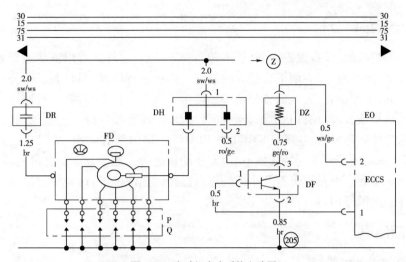

图1-28 发动机点火系统电路图

DF-点火放大器；DH-点火线圈；DR-电容；DZ-电阻；FD-分电器；P-高压线；Q-火花塞；ⓩ-接S23熔断丝；⑳⑤-搭铁

一般车辆控制单元出现故障的概率是比较低的，难道是控制单元没有收到曲轴位置传感器的信号吗？拔下分电器上的曲轴位置传感器插头，用试灯测试第3脚导线，试灯没有点亮。从电路图（图1-29）上可以看出，第3脚的电源线是由007组合继电器内部的发动机控制单元主继电器提供的。007组合继电器内部包括发动机控制单元主继电器、空调继电器以及2个二极管。当插好拔下的插头准备检查主继电时，没想到车主在车内起动了一下发动机，居然着车了，这样进一步诊断的线索就到此断了。

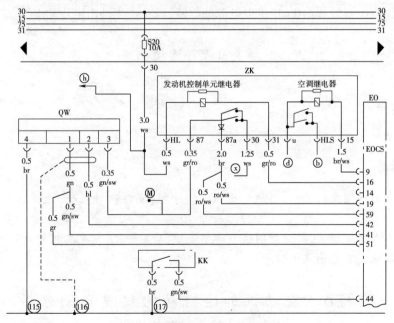

图1-29 发动机电控系统局部电路图

KK-空挡开关；QW-曲轴位置传感器；ZK-007组合继电器；ⓑ-接二极管正极；ⓓ-接中央配电盒J75al（S17熔断丝）；ⓗ-接发电机S端；ⓜ-接空气流量计第5脚；ⓧ-接中央配电盒M30ac；⑪⑤、⑪⑥-搭铁（发动机线束）

通过对上述现象的分析和检查，故障点很可能与主继电器有关。

六、进一步诊断分析

检查 20 号熔断丝,没有发现熔断,拆下转向盘下护板,这样就可以清楚地看到继电器支架上的 007 组合继电器,以方便下次熄火时检查。再次进行路试,只行驶了几公里发动机就又熄火了。立即下车检查,还是曲轴位置传感器第 3 脚上没有电源信号,将试灯的一脚插在第 3 脚,另一端搭铁,轻轻拍打 007 组合继电器,结果发现在拍打继电器盒的同时,试灯一闪一闪的,与拍打的频率一致,这就证明了 007 组合继电器内部有问题,从而导致无法给曲轴位置传感器和发动机控制单元持续供电,因而发动机熄火。拔下 007 组合继电器,撬开外壳仔细检查,结果发现在电路板上有几个大的焊点已经过热烧蚀了,这是导致继电器无法正常供电、间歇性断电的原因。

七、诊断结论

007 组合继电器损坏。

八、故障排除

更换红旗世纪星专用 007 组合继电器试车,并再次进行路试,再没有自动熄火的故障出现,故障彻底排除。

九、故障再现

使用发动机故障试验台或者整车排故实训系统,设置 ECU 主继电器搭铁故障,发动机即刻熄火。注意不要设置给 ECU 供电电源的故障,以免产生冲击电压对 ECU 造成损伤。

复习与思考题

一、简答题

出现自动熄火故障时,应考虑哪些因素?

二、判断题

1. 拔下点火线圈上的插头,用试灯测试 3 脚导线,试灯能够点亮,说明点火线圈初级电路有电。 ( )

2. 拔下点火模块插头,用试灯测试 1 脚导线,起动发动机,发光二极管并不闪烁,这说明发动机控制单元没有给出点火信号。 ( )

案例 6 发动机加速抖动的故障案例分析

一、车型故障资料

一辆本田雅阁 CD5 乘用车,发动机型号为 F22B1,带可变气门(VTEC),当发动机转速增加到2000r/min左右时,抖动明显。

二、根据故障现象与维修情况,应考虑的因素

引起发动机加速抖动故障的主要因素如下。
(1)点火时间过晚;
(2)燃油系统工作不良;
(3)空气流量传感器或进气歧管压力传感器信号不良;
(4)废气再循环系统故障;
(5)曲轴位置传感器信号不稳;
(6)节气门位置传感器信号不良;
(7)个别汽缸的气门间隙过大或气门开度过小;
(8)ECU故障。

三、进一步问诊

依据问诊—检视—分析—假设—验证的现代汽车故障诊断思路,询问车主该故障发生的时间、车辆预防性维护的间隔里程等,了解车辆维护的基本信息等,得知该车好几年都没有对发动机进行过全面的清洁维护工作。

四、初步诊断分析

起动发动机,将发动机转速加速至2000r/min左右,发动机抖动最严重,证明车主所述故障的确存在。一般情况下,发动机抖动多是由于个别缸不工作所致。因此,对发动机4个缸分别进行断火试验,发现当断开1缸时,发动机工作变化不大;断开其他缸时,发动机抖动明显加剧。据此,可以断定发动机加速抖动的主要原因是1缸中速(高怠速)情况下工作不良所致。

五、技术分析与系统测试

EGR系统亦称之为废气再循环系统(图1-30),它的主要作用是:使从汽缸盖排气口排出的部分废气再循环回到进气歧管,与混合气一起进入燃烧室以降低燃烧温度,从而减少NO_x的生成量,最终减少对大气的污染。

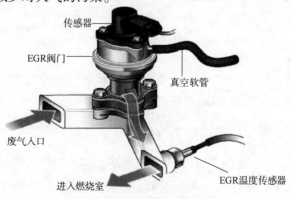

图1-30 EGR系统图

废气再循环系统的组成:由 EGR 阀门、EGR 真空控制阀、真空软管、EGR 高度传感器、EGR 温度传感器、控制器(ECM/PCM)等组成。

工作原理:废气再循环系统和三元催化剂配合,能使排放污染气体中的 NO_x 含量得到有效降低。由于 NO_x 产生的条件有2个:一是高温,二是多氧,所以 EGR 不是所有工况都工作,而是:①低速,水温低于50℃时废气不循环,防止失速现象的产生;②高速,中负荷时一般具备了产生 NO_x 的条件,废气阀便投入工作,控制 NO_x 排放的污染值。

首先检查 EGR 系统。拔下 EGR 阀上的真空控制软管并堵住管口,起动发动机,并将转速稳定在2000r/min 左右,此时发动机工作平稳,证明发动机加速抖动是由于 EGR 系统工作不良引起。

NO_x 是三种主要的排放有害气体之一。废气中氮氧化合物 NO_x 的生成,是由于空气中的氮气与氧气进入汽缸后,在燃烧室高温和富氧的作用下,重新裂化分解而组合的结果。EGR 系统的工作原理就是将适当的废气通过进气歧管均匀分配到各个汽缸,由于这些废气含氧量很少,所以不会在燃烧室中燃烧,从而使缸内高温和富氧降低,有助于减少氮氧化合物的生成量。EGR 阀就是在发动机冷却液达到工作温度(85℃以上)且中负荷时才工作,所以发动机怠速工作稳定。

本田乘用车 EGR 系统中,废气是通过分配板(导流槽)均匀分配到进气歧管各缸的吸入孔内,导致1缸加速抖动的原因是由于第2、3、4缸 EGR 阀废气吸入孔被积炭堵塞,使相对大量的废气(原本由四个缸均匀分配)进入1缸,从而导致1缸中速工作不良。这与案例三中的第三个故障案例分析极其相似。

六、检修过程

拆下导流槽,果然发现导流槽内的积炭较多,第2、3、4缸 EGR 阀废气吸入孔被积炭严重堵塞,而第1缸 EGR 阀废气吸入孔没有堵塞。在结构上,1~4缸的废气吸入孔距 EGR 阀的废气总吸入的距离依次由大到小,为了保证均匀分配废气,1~4缸废气吸入孔的孔径则依次由大到小配置。因为1缸吸入孔径最大,所以最难堵塞。造成 EGR 阀废气吸入孔堵塞的原因是由于废气中的积炭或烟尘等物,长年累月地积聚在各缸 EGR 阀废气吸入孔周围,造成如此严重地堵塞,导致发动机1缸中速时 EGR 阀打开后,全部废气进入1缸,形成1缸工作不良。一般情况下,车辆连续运行5~10年,且从没有对导流槽及吸入孔进行过任何清洁工作,才可能引起该故障。

七、故障排除

对相关的零部件拆卸、清洁,并重新安装到位,再起动发动机并进行路试,发动机加速至2000r/min 抖动的故障完全消失,故障彻底排除了。

八、故障再现

该故障属于机械原因导致故障,不适合故障再现。但可以使用带 EGR 系统的发动机试验台、整车排故实训系统设置 EGR 系统传感器、电磁阀、继电器、熔断丝等故障,会出现不同的故障码,按照"代码维修"的提示完成教学和学生实习实训。

复习与思考题

一、简答题

1. 出现发动机加速抖动故障现象时,维修应考虑哪些因素?
2. EGR 系统的主要作用是什么?
3. EGR 系统不工作的工况有哪些?

二、单选题

1. 现代汽车故障诊断思路中正确的顺序应为(　　　)。
   A. 检视—问诊—分析—假设—验证
   B. 检视—分析—问诊—假设—验证
   C. 问诊—检视—分析—假设—验证
   D. 问诊—分析—检视—假设—验证

2. 当发动机处于低速,水温低于(　　　)时 EGR 不工作,废气不循环。
   A. 30℃　　　　　B. 50℃　　　　　C. 100℃　　　　　D. 150℃

三、判断题

1. 本田乘用车 EGR 系统中,在结构上,1~4 缸的废气吸入孔距 EGR 阀的废气总吸入的距离依次由小到大,为了保证均匀分配废气,1~4 缸废气吸入孔的孔径则依次由大到小配置。(　　　)
2. 一般情况下,发动机抖动多是由于个别缸不工作所致。(　　　)
3. NO_x 产生的条件有 2 个:一是燃烧不充分,二是多氧。(　　　)

单元二
汽车底盘故障案例分析

案例 1 电控转向系统转角数据丢失的故障案例分析

一、车型故障资料

一辆奥迪 A6L 轿车,行驶里程约 6000km,发动机型号为 CLXA,排量 2.5 L,搭载 OAW 型无极变速器。车主反映更换轮胎时,做了轮胎动平衡及四轮定位,之后转向盘感觉沉重,且中央仪表板上的转向盘红色指示灯报警,并提示转向系统报"请勿继续行驶"的故障信息。

二、初步检查分析

打开点火开关,仪表板上转向助力控制系统故障报警灯长亮,说明该车转向系统有故障。这时就不应继续行驶了,因为转向助力已经降至不足 20% 的水平,同时,电子稳定控制程序和胎压报警灯也报警。进行故障现象确认,原地转动转向盘感觉非常吃力,转向盘几乎转不动。新款奥迪 A6LC7 配备的转向助力系统与 C6 液压机械式随速助力转向系统不同,采用纯电子机械式随速助力转向系统,其结构原理与奥迪 A7 Sportback 是一样的,通过一个与齿条同心的电机 V187 来实现驱动,齿条、电机、传动机构是通过滚珠丝杠来驱动的。电控单元和传感器集成在转向机上,结构小巧紧凑,能有效降低油耗,并能按实际工况改变助力的大小,车辆行驶中转向助力的强度主要是根据转向力矩、转向角和车速来确定的。

三、电控转向系统简介

1. 系统概述

电控助力转向系统(Electric Power Steering,电控助力转向系统)是一种直接依靠电动机提供辅助转矩的动力转向系统。该系统由电控助力机直接提供转向助力,省去了液压动力转向系统所必需的动力转向液压泵、软管、液压油、传送带和装于发动机上的带轮,既节省能量,又保护了环境。另外,电控助力转向系统还具有调整简单、装配灵活以及在多种状况下都能提供转向助力的特点。电控助力转向系统是汽车转向系统的发展方向。它主要由转矩传感器、车速传感器、电动机、减速机构和电子控制单元(ECU)等组成,如图 2-1 所示。

2. 发展历史

电控助力转向系统的理念是于 20 世纪 80 年代中期提出的,最先在日本实际应用,1988

年日本铃木公司首次开发出一种全新的电子控制式电控助力转向系统,并用于Cervo车上,随后又用于在Alto车型。此后,电控助力转向技术得到迅速发展,其应用范围逐步扩大。日本的大发汽车公司、三菱汽车公司、本田汽车公司,美国的Delphi公司,英国的Lucas公司,德国的ZF公司,都研制出了各自的电控助力转向系统。到2010年,全球范围内电控助力转向器的装车率已超过30%,我国对电控助力转向系统的研究起步较晚,但目前已有十多家高等院校和科研单位正在进行该项技术的研究,并已取得了较大的进展。

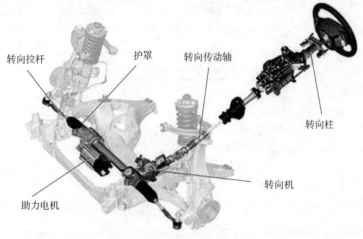

图2-1 电控助力转向系统组成图

3. 类别

根据电动机布置位置不同,电控助力转向系统可分为转向轴式电控助力式转向系统(Column-电控助力转向系统,C-电控助力转向系统)、齿轮助力式电控助力转向系统(Pinion-电控助力转向系统,P-电控助力转向系统)和齿条轴式电控助力转向系统(Rack-电控助力转向系统,R-电控助力转向系统)三种类型。

(1)转向轴式电控助力转向器(图2-2)。转向轴式电控助力转向器的助力电动机固定在转向柱的一侧,通过减速增矩机构与转向轴相连,直接驱动转向轴助力转向。这种形式的电控助力转向系统结构简单、紧凑、易于安装。现在多数电控助力转向系统就是采用这种形式。此外,转向轴式电控助力转向器的助力提供装置可以设计成适用于各种转向柱,如固定式转向柱、斜度可调式转向柱以及其他形式的转向柱。但由于助力电动机安装在驾驶室内,受到空间布置和噪声的影响,电动机的体积小,输出转矩不大,一般只用在小型及紧凑型车辆上。

(2)齿轮助力式电控助力转向器(图2-3)。齿轮助力式电控助力转向器的助力电动机和减速增矩机构与小齿轮相连,直接驱动齿轮实现助力转向。由于助力电动机不是安装在驾驶室内,因此可以使用较大的电动机以获得较高的助力转矩,而不必担心电动机转动惯量太大产生的噪声。该类型转向系统可用于中型车辆,以提供较大的助力。

(3)齿条助力式电控助力转向器(图2-4)。齿条助力式电控助力转向器的助力电动机和减速增矩机构则直接驱动齿条提供助力。由于助力电动机安装于齿条上的位置比较自由,因此在汽车的底盘布置时非常方便。同时,同C-电控助力转向系统和P-电控助力转向系统相比,可以提供更大的助力值,所以一般用于大型车辆上。

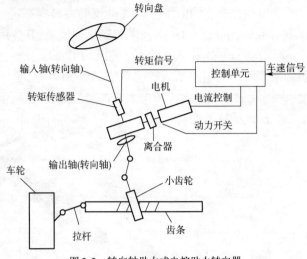

图 2-2 转向轴助力式电控助力转向器

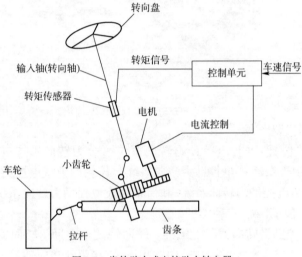

图 2-3 齿轮助力式电控助力转向器

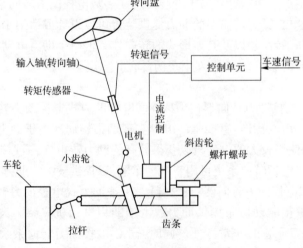

图 2-4 齿条助力式电控助力转向器

4. 电控助力转向系统的特点

电控助力转向系统符合现代汽车机电一体化的设计思想,将最新的电力电子技术和高性能的电动机控制技术应用于汽车转向系统,能显著改善汽车动态性能和静态性能,提高行驶中驾驶人的舒适性和安全性,减少环境污染等,与其他转向系统相比,该系统突出的优势体现在以下几个方面。

(1)降低了燃油消耗。电控助力转向系统仅在需要转向操作时才需要电动机提供能量,该能量可以来自蓄电池,也可来自发动机。该系统真正实现了"按需供能",是真正的"按需供能型"(on-demand)系统。电控助力转向系统不使用液压泵,避免了发动机的寄生能量损失,提高了燃油经济性,装有电控助力转向系统的车辆和装有液压助力转向系统的车辆对比实验表明,在不转向情况下,装有电控助力转向系统的车辆燃油消耗降低2.5%,在使用转向情况下,燃油消耗降低了5.5%。

(2)增强了转向跟随性。在电控助力转向系统中,电控助力机与助力机构直接相连可以使其能量直接用于车轮的转向。旋转力矩产生于电动机,没有液压助力系统的转向迟滞效应,增强了转向车轮对转向盘的跟随性能。

(3)改善了转向回正特性。当驾驶人使转向盘转动一角度后松开时,该系统能够自动调整使车轮回到正中位置。设计人员可利用软件在最大限度内调整设计参数以获得最佳的回正特性。

(4)提高了操纵稳定性。由于采用了微电脑控制,使得汽车具有更高的稳定性,驾驶人有更舒适的感觉。

(5)提供可变的转向助力。可变转向力的大小取决于转向力矩和车速。无论是停车、低速或高速行驶时,它都能提供可靠的、可控性好的感觉,而且更易于车场操作。

(6)采用"绿色能源",适应现代汽车的要求。电控助力转向系统应用"最干净"的电力作为能源,完全取消了液压装置,不存在液压助力转向系统中液态油的泄漏问题,可以说该系统顺应了"绿色化"的时代趋势。

(7)系统结构简单,占用空间小,布置方便,性能优越。

(8)在总成生产线装配性好。

四、进一步诊断分析

连接大众VAS5052故障诊断仪,对故障车辆电控转向系统进行检测。在动力装置44中有故障码7341600 C 1 OAD29,该故障码含义为:电机位置传感器不可靠信号。记录该故障码时的数据帧如表2-1所示。在发动机01系统内存储故障码6134 U111300,该故障码含义为:接受的错误数值导致功能受限。记录该故障码时的数据帧如表2-2所示。在其他相关电控系统内(如防抱死制动系统03系统等)都有上述故障码6134U 111300。

接着,在怠速工况下原地转动转向盘做引导性功能测试。在所显示的测量值中,"电机位置传感器/位置"数值为50.38°,保持不变;"电机位置传感器/电机速度"数值为0。这两组数据可以说明转向电机已经停止运转,因此,电动助力转向系统所报故障码与当前故障现象是符合的。

由于具有转向助力特性、能耗低和结构紧凑等特点,电动助力转向系统已经成为汽车转向系统的发展方向。在电动助力转向系统中,助力电动机的转矩控制相对其他系统要求较高,为了保证驾驶人的操作舒适性,必须将电动机的输出转矩波动控制在一定范围内。

故障码 7341600 数据帧　　表 2-1

环境要求	
标准值	
公里-里程	5 630km
故障代码优先权	2
事件计数器	12
中央-老化-计数器	68
测量值	
转换器正弦高原始信号	27FD
转换器正弦低原始信号	39A9
转换器余弦高原始信号	48DF
转换器余弦低原始信号	3994
标准化的转换器正弦信号	EA86
标准化的转换器余弦信号	0D70
转换器-激励-高-原始-信号	4A60
转换器-激励-低-原始-信号	1520

故障码 6134 U111300 数据帧　　表 2-2

环境要求	
标准值	
公里读数	5 630km
优先仅	6
故障频率计数器	1
计数器未学	255
测量值	
发动机转速	717r/min
标准化负荷值	43.5%
车速	1km/h
冷却液温度	96℃
进气温度	34℃
环境气压	100kPa
端子 30 电压	12.898V
动态环境数据	209628117D1411DC2011D 1A1110E0212006C15D201

电动机根据 ECU 的指令输出适宜的转矩,一般采用无刷永磁电动机,其具有无励磁损耗、效率较高、体积较小等特点。电动机是电动助力转向系统的关键部件之一,对其性能有很大的影响。由于控制系统需要根据不同的工况产生不同的助力转矩,具有良好的动态特性并容易控制,这就要求助力电动机具有线性的机械特性和调速特性。此外还要求电动机满足低转速大转矩、波动小、转动惯量小、尺寸小、质量轻、可靠性高、抗干扰能力强等特性。为此,对转向系统中的电动机的结构进行一些特殊处理,例如沿转子的表面开出斜槽,定子磁铁设计成不等厚结构等。永磁同步电动机(PMSM)作为助力电动机优势显著,被广泛应用到电动助力转向系统中。奥迪 C7 Sportback 转向电动机如图 2-5 所示。

图 2-5　奥迪 C7 Sportback 转向电动机

电动机械式助力转向电动机 V187(图 2-6)用于产生转向助力所需要的力矩,其电动机是永久励磁式三相交流同步电动机,其优点有体积小、功率大、无转矩波动、噪声低,而且耐久可靠、寿命长、不怕污染、没有磁性材料、高效能、无附加的摩擦力、大动态转矩输出,工作温度范围大,电路短路时电动机不锁死等。

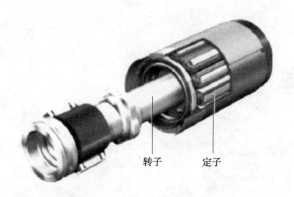

图 2-6　电动机械式助力转向电动机 V187

(1) 转向电动机 V187 的结构。由于采用永久励磁式三相交流同步电动机,所以省去了用于将励磁电流送往转子的滑环。控制单元会计算出所需要的相电压,并通过末级功放接通定子线圈,定子由 12 个励磁线圈构成,每 4 个励磁线圈串联在一起,接通正弦曲线的电流。三股电流彼此间的相位是错开的,并产生三个磁场,这三个磁场合在一起又产生一个旋转磁场,因此转子才会同步转动。转子带有 10 个永久磁铁,这些磁铁的南、北极是交互布置的,转子放在齿条上,呈空心轴状。

(2) 滚珠丝杠的工作原理。滚珠丝杠能够将电动机的旋转转换成齿条的直线运动。滚珠丝杠的工作原理类似于螺栓螺母系统,其结构和原理如图 2-7 所示。螺距变成了沟道,螺栓(螺杆)和螺母(球循环螺母)之间的连接是通过沟道中的球来实现的。这些球的滚动就像轴承内的滚子元件一样,在一个封闭的循环回路中运动。要想实现这种运动,球循环螺母内要有一个循环通道,将球循环螺母的沟道"起点"和"终点"连接在一起。

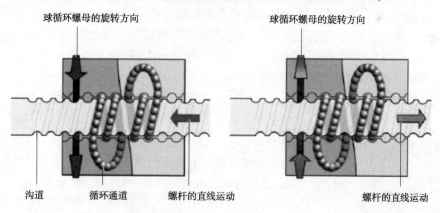

图 2-7　滚珠丝杠的结构及工作原理

故障轿车上使用的是新一代电动机械式转向系统(图 2-8)。其基本功能是通过一个与齿条同心电机来实现转向助力。之所以选用了这种结构,是因为其占用空间小、工作效率高。齿条、电机和传动机构之间是通过滚珠丝杠来驱动的。电子控制单元和相关传感器都集成在一个小巧的结构单元内。因此,整个系统的质量只有约 16kg。由于是采用电动机械方式来产生的转向助力,因此,燃油消耗量最多可降低 0.3L/100km,并且可以实现"按实际需要来改变助力大小"的功能。

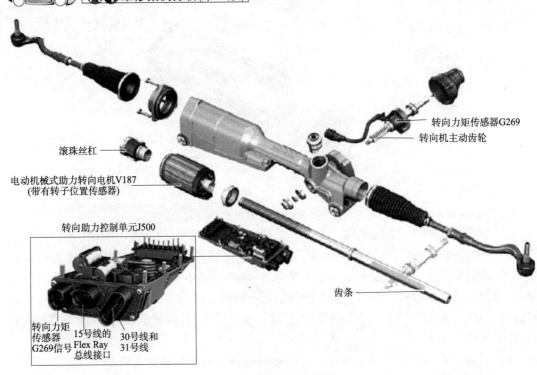

图 2-8 电动机械式转向系统

所以，这种结构既具有磨损小又有定位精度高(因为安装间隙很小)的特点。循环滚珠螺母固定在纵向，它如果转动的话，那么螺杆就会按箭头方向做直线运动。为了限制这些滚珠相互之间接触，"循环通道"越短越好。因此，在循环滚珠螺母内采用了两条彼此分开的循环通道。

在奥迪 A6 L 轿车上，循环滚珠螺母与转子空心轴是刚性连接在一起的。齿条的一端设计成了螺杆。在电机被激活时，转子空心轴连同循环滚珠螺母就开始转动，于是齿条就开始直线运动了。根据电机转动的实际方向，可分别为转向盘左转、右转提供助力。电机通电的电流强度大小可以决定转向助力力矩的大小。

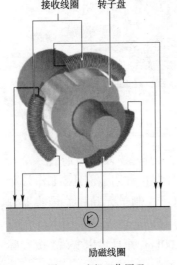

图 2-9 电机工作原理

转子位置传感器用于探知转子的位置，转向助力控制单元 J500 必须知道转子的准确位置，以便计算出环绕的定子磁场所需要的相电压(电子传感器控制的整流)。转子位置传感器所测得的值也可以用于确定转向止点。为了避免"硬的"机械式止点，通过电动机械式转向机构可以实现"软的"止点。

转向电机转子上有一个转子盘，它是用导磁金属制成的。这个转子盘的形状特殊，像凸轮盘。该盘被一个固定在壳体上的电磁线圈环所包围着，该电磁线圈环起着定子作用。该线圈环由 3 个单线圈构成，其中 1 个线圈起着励磁线圈作用，另外 2 个则作为接收线圈。

励磁线圈通上正弦曲线的励磁电压后，周围产生的交变磁场会作用到转子盘上。转子盘将励磁线圈产生的交变磁场的磁通引向接收线圈(图 2-9)。于是在接收线圈内就感应

单元二 汽车底盘故障案例分析

出一个交变电压,该电压与转子盘的位置成一定比例,与励磁电压是有相位差的。

永磁交流同步电机定子上有1个三相对称的正弦分布绕组,通过调整其输入电压就可平衡定子三相绕组内的正弦电流,从而在气隙中产生同步转速的磁动势。永磁同步电机的优点在于它可以通过矢量控制模式获得高性能。永磁同步电机需要高精度的位置信息来实现矢量控制,通过转子位置传感器的回馈信息,可以调节定子电流,定子电流的频率与转子变化一致。

该车由于转向电机转子位置传感器所传递信号不可靠,电机就无法调整定子电流,定子电流频率与转子变化不能一致,那么转向助力控制单元 J500 就要关闭转向电机 V187,导致系统提供的转向助力降到 20% 以下,从而使车辆出现难以转动方向盘的状况,这充分说明电机转子位置传感器信号是非常重要的。表 2-3 是奥迪电控转向系统故障码表及代码分析。

电控助力转向系统故障码分析　　　　　　　　表 2-3

故障码	故障部位	故障诊断
00466	控制单元:转向电器(J527)	
00557	动力转向压力开关(F88)	
00566		辅助转向故障
00567		转向控制故障
00568	动力转向电动机位置传感器故障	
00569		动力转向电动机电流不正确
00570	动力转向电动机继电器(J509)	
00571	动力转向离合器	
00566		辅助转向故障
00567		转向控制故障
00568	动力转向电动机位置传感器故障	
00569		动力转向电动机电流不正确
00570	动力转向电动机继电器(J509)	
00571	动力转向离合器	
00572	动力转向位置传感器(G268)	
00573	动力转向压力传感器(G269)	
00778	转向盘转向角度传感器(G85)	
00816	辅助转向开关(G250)	
00817		辅助转向温度保护
00868	转向角传感器(G208)	
01079	动力转向继电器(J320)故障	
01080	动力转向压力开关(F192)故障	
01158		转向信号供给电压不正常

续上表

故障码	故障部位	故障诊断
01288	接线柱 30	辅助转向故障
01289	接线柱 15	辅助转向故障
01290		辅助转向故障
01760	转向控制单元(J500)	未与 ECU 产生通信信号
01797	液压辅助转向阀(N315)	
01826	转向角传感器(G85)供给电压接线柱	
16934		动力转向压力调节故障
16935	动力转向压力传感器(F88)	信号不可靠
16936	动力转向压力传感器(F88)	信号太小
16937	动力转向压力传感器(F88)	信号太大
16938	动力转向压力传感器(F88)	间歇性故障
18016		转向交错信息(来自转向角传感器)
18093	动力系统数据总线	不可靠信号(来自转向角传感器)
18105	转向角传感器	
18253	转向电器(J527)	
18271	动力系统数据总线	丢失信息

五、故障排除

使用故障诊断仪引导功能测试计划的结果显示,需要对电控转向控制单元 J500 重新编码、进行端位匹配和校准转向角传感器 G85。

1. 电控转向控制单元 J500 的编码方法

(1) 故障诊断仪可执行的功能。连接故障诊断仪 V. A. G1551(V. A. G. 1552)或 VAS5051 输入地址 44 可执行功能如下。

01—查询转向控制单元版本号;

02—查询故障存储器;

05—清除故障存储器中的内容;

06—结束输入;

07—转向控制单元编码;

08—有 4 个数据块共 16 个数据。

(2) 转向控制单元的编码步骤。

①连接故障诊断仪;

②选择转向系统;

③进行"控制单元编码";

④输入编码,一般为五位数;

⑤按"确认"键,提示"编码成功";

⑥关闭钥匙,保存记忆值即可。

(3)转向控制单元编码的注意事项。

①更换一个新的控制单元后,都必须进行编码。

②换控制单元之前,应先读取旧的编码及该控制单元零件号以备用;当从经销商处订购新的控制单元时,最好提供该车的详细信息,若只按零件号订购,则可能提供错误的模块。确保新的模块的零件号和原来的相同,并且检查新模块的编码应为"00000",则可对其进行编码。

③虽然已提示编码成功,但不一定表示编码已完成。操作时一般在提示"编码成功"之后关闭钥匙,以存储数据。

④如果编码不成功,要检查系统是否存在故障,发现故障后应及时排除;也要检查编码是否有错误,零配件是否和原厂配件一样等。

2. 端位匹配

完成转向控制单元后,应对转角传感器G85进行校准,同时进行端位匹配。端位匹配的方法如下。

(1)起动发动机,如果转向角不在±360°范围内,必须将转向盘移动至该范围。

(2)将转向盘移动至第一个机械止动位置,用大于$8N \cdot m$的手动力矩将转向盘保持在全锁止位置至少1~2s,声音信号作为该端位正确匹配的标记。

(3)将转向盘转至另一个机械止动位置,同样以大于$8N \cdot m$的力矩将转向盘保持在全锁止位置1~2s,声音信号作为该端位的正确匹配标记。

3. 转角传感器初始化设定

(1)连接VAG1551型诊断仪,进入03地址。

(2)选择登陆11,按Q键确认,输入登录密码40168,再按Q键(做多项调整时,只需登陆1次)。

(3)起动车辆,在平坦路面上试车,以不超过20 km/h的车速行驶。

(4)如果转向盘是正中位置(若不在正中位置,需要调整),停车即可,不要再调整转向盘,不要关闭点火开关。

(5)选择读取测量数据块08功能,输入004通道,观察第一显示区的数值是否为-4.5°~4.5°。

(6)选择基本设定功能04,按Q键确认,再输入组别号001,ABS警告灯闪亮。

(7)选择退出功能06,按Q键确认,ABS和ESP警报灯亮约2 s,此时即结束初始化标定。

在逐步完成上述所需步骤之后,转向助力感觉良好,转向操控正常,故障排除。

六、故障再现

使用电控转向系统实验台或者整车排故实训系统(大众奥迪带电控转向系统车型),设置转向电机、转角传感器或者断电调整横直拉杆后,都会出现与本案例类似的故障,只是故障代码可能不同,实习指导教师按照本案例提示的方法,设置相关故障,演示故障排查方法,开展控制器编码、端位匹配以及转角传感器初始化标定等操作,并指导学生实习实训,编制《检验报告》并记录相关检测数据。详细技术支持可以联系天津市优耐特汽车电控技术服务有限公司。

复习与思考题

一、简答题

1. 电控助力转向系统的优点有哪些？
2. 为什么说电控助力转向系统可以增强汽车转向跟随性？
3. 对电控转向控制单元进行编码时应请注意哪些事项？

二、单选题

1. (　　)作为助力电动机优势显著,被广泛应用到电动助力转向系统中。
   A. 磁阻同步电动机　　　　　　　　B. 单相串励电动机
   C. 永磁同步电动机　　　　　　　　D. 磁滞同步电动机
2. 在对新购置的转向控制单元模块编码时,检查新模块的编码应为(　　),则可对其进行编码。
   A. 00000　　　　B. 00001　　　　C. 00010　　　　D. 10000

三、多选题

常见的电控助力转向系统有(　　)。
A. 齿条轴式电控助力转向系统　　　　B. 转向轴式电控助力转向系统
C. 齿轮助力式电控助力转向系统　　　D. 电子液压式电控助力转向系统

四、判断题

1. 电控助力转向系统仅在需要转向操作时才需要电动机提供的能量,是真正的"按需供能型"系统。（　　）
2. 对转向控制单元进行编码时,如果故障诊断仪提示编码成功即表示编码已完成。（　　）

案例2　自动变速器无高速挡的故障案例分析

一、车型故障资料

一辆老款高尔夫轿车,搭载01M自动变速器,行驶里程为5万km,冷车正常,热车升挡延迟,当发动机转速升至2800r/min时,才勉强升入2挡；当发动机转速达到3600r/min时,方可升入3挡,没有超速挡,即液力变矩器不能锁止。

二、根据故障现象与维修情况,应考虑的因素

引起自动变速器无高速挡故障的主要因素如下。
(1) ATF油的数量与质量异常；

(2) 主油路压力与温度异常；
(3) 自动变速器电控部分故障；
(4) 节气门位置传感器信号失准；
(5) 车速传感器信号失准；
(6) 发动机转速传感器信号失准；
(7) 多功能挡位开关信号失准；
(8) 自动变速器油温传感器信号失准；
(9) 自动变速器机械部分故障。

三、进一步问诊

该车出现该故障后，曾被送到特约维修服务站检测，因无故障码显示，且相关传感器也无异常，被诊断为变速器内部故障，建议更换变速器总成。但因车主对此诊断结论持怀疑态度，因此送到另一家汽车修理厂检修。

四、初步诊断分析

接车后，首先进行试车，结果核实车主所述故障的确存在。进行常规检查，ATF 油位合适；油质透亮纯净无杂质；外观线路及机械部分无异常现象。从表面上看，此种故障现象很像是自动变速器进入了"失效保护"状态。

失效保护。在汽车电控系统中，当自诊断系统检测到故障，判定某传感器、执行器或电子元器件出现故障（即失效）时，由电控单元启动一套备用模式，来替代有故障的目标信号，以保持整个控制系统继续工作，确保车辆仍能继续运行的保护模式。在"失效保护"状态下，车辆的性能将受很大影响。自动变速器的失效保护模式主要分为以下几种情况。

(1) 车速传感器的失效保护。有的自动变速器采用 2 个车速传感器 No.1 和 No.2（No.1 为备用传感器），当 No.2 车速传感器及其电路发生故障时，自动变速器 ECU 将采用 No.1 车速传感器的信号控制换挡。若这两个车速传感器都发生故障，自动变速器 ECU 将无法控制自动换挡，汽车只能在 1 挡行驶而无其他挡位，超速挡指示灯（O/DOFF）不会点亮，也不存储故障代码，这是车速传感器电路失效保护模式。

(2) 换挡电磁阀电路失效保护。当 No.1 换挡电磁阀、No.2 换挡电磁阀中的一个电路发生短路或断路故障时，自动变速器 ECU 控制另外一个换挡电磁阀的通电或断电，使自动变速器进行部分挡位变换。如果 No.1 和 No.2 换挡电磁阀都发生故障，则电控系统不能控制换挡，只能由手动操纵，而且多数挡位比换挡电磁阀正常时的车速快，因此，在实际驾驶中应当加以注意，以免车速过快而导致交通事故。

(3) 自动变速器油（ATF）的失效保护。当 ATF 温度达到 110℃时（原因之一是冷却系统散热不良），自动变速器将执行延迟升挡的保护模式。另外，奔驰轿车如果错加了别的厂家的自动变速器油，自动变速器将进入失效保护状态，在"D"位只能以 2 挡行驶。

五、仪器测试检查

将车辆举起，拆下主油路压力检测堵头，接入压力表，起动发动机后，检测发动机怠速及中高转速下的主油路压力,均符合原厂维修手册要求。图2-10为01M自动变速器一挡油路图。

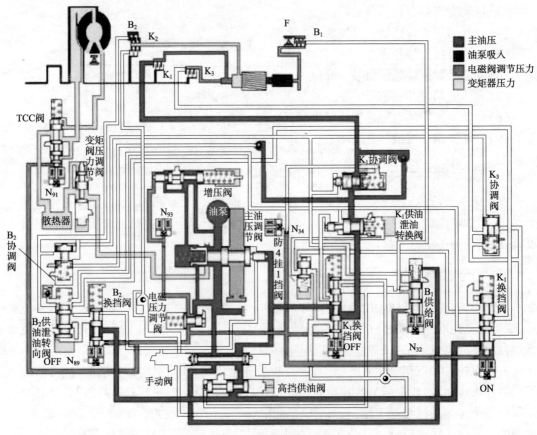

图2-10　01M自动变速器一挡油路图

六、仪器测试检查数据分析

用大众专用故障诊断仪VAG1552检测控制单元,无故障码。利用"测量数据块"控制功能读取自动变速器动态数据流时,发现变速器油温上升过快,超过手册规定的油温数值,结合该车热车后才出现延迟升挡的故障现象,做如下分析。

（1）油温传感器信号是否失准,导致错误的信号输入控制单元。用红外测温仪动态测试与数字万用表的静态测试交替配合,检测油温传感器在20℃、40℃、60℃时三个温度下的阻值,均与维修手册符合,证明油温传感器信号正确。同时,用红外测温仪监测变速器油温,行驶几分钟后,油温快速上升至120℃,热车升接延迟故障复现,证明确系油温过高所引起。

（2）如果热车升挡延迟的故障是油温过高所所致,那么导致油温过高的原因的原因可能有：离合器与制动器摩擦片打滑、箱体内润滑不良、变矩器锁止离合器打滑、散热器效果不足等。

该车在升、降挡期间均未出现过跑空和发动机转速陡升而车速变化不正常的现象,可以排除离合器与制动器打滑现象,做自动变速器失速试验,失速转速正常;若箱体内润滑不良,就会造成行星齿轮机构和轴承铜套异常磨损,严重时会使太阳轮秃齿,但该车未发现这些症状,因而可以排除;若变矩器打滑,也将导致油温上升,经检测TCC锁止工作表现正常,观察变矩器锁止离合器锁止一段时间的油温,保持在120℃左右,因此可以排除。

若散热器效果不足,将直接导致温升过快。为求证实,用红外测温仪测量变速器散热器进、出油口的温度,结果发现温差较小,说明散热器的确工作不良。至此,故障的真正原因找到了。图2-11为自动变速器液压油冷却散热系统图。

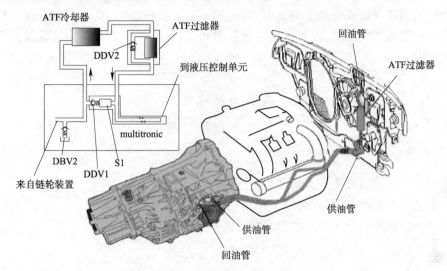

图2-11　自动变速器液压油冷却散热系统

七、故障排除

停车熄火,等待10min待油温冷却下来后,拆下散热器,发现散热器表面有轻微腐蚀现象。用压缩空气疏通散热器,发现吹出许多黄色的黏稠沉积物,显然是散热器有堵塞现象。换用新的散热器,补足变速器液压油,长时间试车,油温均保持在96℃左右,升降挡时机均达到《维修手册》要求,到此故障完全排除。图2-12为高尔夫车型散热器外观图。

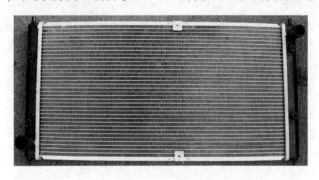

图2-12　高尔夫车型散热器外观

八、总结分析

(1)经询问车主,一年多前发动机添加了不同牌号的防冻液,因而致使冷却水道遭受腐蚀而产生大量颗粒物,导致散热器堵塞。由于单位时间内的油液流量大大减少,导致变速器散热不足,使流回油底壳的油液带有大量热量,因而油温快速升高,控制单元通过油温传感器信号,感知油温过高,为了保护变速器,执行了延迟升挡且无高挡的保护模式。又由于变速器油温传感器信号传输正常,没有达到编码的条件,因此不记录故障代码,诊断仪读不到故障码,给故障诊断带来一定难度。

(2)油温传感器的感知低温和高温两种状态。低温黏度大而影响润滑,延缓上挡时间,即:低温暖机;超过规定极限数值的高温,高速挡下油液负荷加大,将造成润滑与密封不良,同样会产生意想不到的故障,故而升挡延迟并阻止高挡,使控制单元进入失效保护模式,即高温保护。

复习与思考题

一、简答题

1. 遇到自动变速器无高速挡故障时,应考虑哪些因素?
2. 什么是汽车电控系统的"失效保护"?
3. 自动变速器的失效保护模式有几种情况?

二、单选题

当 ATF 温度达到(　)时,自动变速器将执行延迟升挡的保护模式。
A. 70℃　　　　　B. 90℃　　　　　C. 110℃　　　　　D. 150℃

三、多选题

下列关于车速传感器的失效保护的描述正确的有(　)。
A. 发生车速传感器失效保护时,超速挡指示灯不会点亮,也不存储故障代码
B. 发生车速传感器失效保护时,汽车只能在 1 挡行驶而无其他挡位
C. 车速传感器 NO.1 发生故障时,自动变速器 ECU 采用 NO.2 的信号
D. 两个车速传感器都发生故障时,自动变速器 ECU 无法控制自动换挡

四、判断题

1. 发生车速传感器的失效保护模式时,多数挡位比正常时车速快。　　　　(　)
2. 自动变速器将执行延迟升挡的保护模式,是自动变速器油的测温过高引起的。(　)

案例 3　自动变速器能推行着车的故障案例分析

一、车型故障资料

一辆老款 GM(美国通用汽车公司)雪佛兰柯西佳 3.1 升轿车,装配 3T40 非电控的液压自动变速器,行星齿轮机构为辛普森行式。据车主介绍:该车在车库搁置一年多以后,冷车起动、行驶都正常,高速降中速也正常,但踩制动将车速降至 40km/h 以下时,发动机就会发生熄火现象。发动机熄火后将变速杆置于"N(空挡)"或"P(驻车挡)"位,能正常起动,急速

也正常，但只要将变速杆挂入"D（前进挡）"或"R（倒挡）"位，发动机就又立即熄火。待发动机完全冷却下来以后再次起动发动机，又起动、行驶正常；再次踩制动踏板降速发动机又会熄火，每次都是这样。故障发生时正值冬季，白天日均气温在零度以下，又常常遇到大风降温天气，因此发动机冷却速度比较快，一般半小时后又能起动行驶。

车主还介绍了这样一个有趣的现象：某日驾驶该车行至闹市区，行至路口忽遇红灯，制动减速熄火后红灯很快变为绿灯，由于当时后面压了许多等待红灯的其他车辆，纷纷鸣喇叭催促，路口值勤的交警也在往这边看，当时车上坐的人比较多，情急之下大家赶紧下车，欲把熄火的汽车推到路边。这时候一个奇怪的现象发生了：发动机已经熄火的自动挡轿车在众人的推动下居然重新发动了，于是大家纷纷跳上汽车继续行驶，但踩下制动踏板减速至 40km/h 以下时，发动机又会熄火。

稍有自动变速器工作原理常识的都知道：自动变速器与手动变速器是有本质区别的，无论是采用辛普森式行星齿轮机构，还是采用拉威娜式行星齿轮机构，自动变速器内部零部件都是活动的，都要依靠液压力实现动力传递。当发动机停止转动时，液力变矩器也停止转动，因此无法建立相关油压，自动变速器也就无法正常工作。在听车主讲完上面那个故事以后，大家都不以为然。

故障迟迟解决不了车辆就无法正常使用，大家又都不信车主讲的故事，因此车主比较着急。先后去了多家汽车修理厂检修，结论都是动力系统工作正常，没有发现任何导致发动机熄火的问题，原因还是出在自动变速器。更换了全新的液力变矩器，数次检修总共花了不少钱，也请了许多当地、甚至外地专门维修汽车自动变速器的好手，变速器总成历经了七、八次分解、重装。多次拆解，使得铝合金的外壳螺纹都快滑扣了，但还是没有彻底解决故障问题。

二、初步诊断分析

3T40 自动变速器由液力变矩器、主减速器齿轮、差速器、三个多片离合器片组件、滚子单向离合器、中间挡制动带、阀体和油泵组成。四元件变矩器通过链轮和传动链总成将发动机曲轴与行星齿轮装置联系起来。图 2-13 所示为 3T40 液压自动变速器外观图。

图 2-13　3T40 液压自动变速器外观

我们通常认为凡是自动变速器型号后缀"E"英文字母的，为电子控制自动变速器，如 A340-E、4T60-E 等；没有后缀"E"英文字母的，为全液压自动变速器，如 3T40、MD9 等。但即使是全液压自动变速器，还是有一些电气元件在上面的，如 TCC 电磁阀（液力变矩器离合器锁止电磁阀）、变速器油温传感器、压力开关等。一般情况下，由于电路部分相对十分简单

(图2-14),大家对全液压自动变速器的这些电子部件不太注意,根据故障和检修情况,感觉还是有必要按照技术规范再对自动变速器进行一次路试。

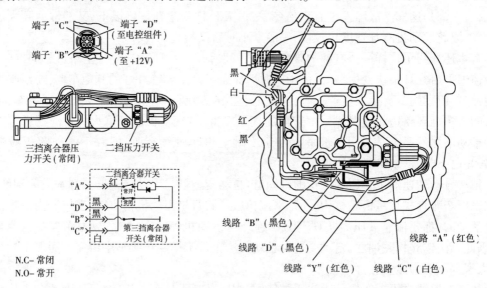

图2-14 3T40液力变矩器离合器电磁阀和电线分布图

三、路试

在路试前,要保证发动机处于正常的工温度。在液力变矩器将要接合之前,发动机冷却液的温度必须高于45℃。路试的方法、步骤、注意事项和技术规范如下。

(1)首先起动发动机至工作温度,踩下制动踏板,将换挡杆移到每一换挡位置。应确保立即换挡没有冲击现象。将换挡杆置于"D"位,用增加节气门压力的办法对汽车加速。注意二挡和三挡齿轮接合时的换挡车速。还应注意液力变矩器离合器接合时的换挡车速。液力变矩器应在车速为30~68km/h时接合。

(2)当车速为35~85km/h时,液力变矩器离合器应分离,当踩下加速踏板到节气门半开或全开时,变速驱动桥应降挡到二挡。

(3)当车速为每小时30~68km/h时,松开加速踏板,同时将换挡杆移到"2"位。液力变矩器离合器应分离,变速驱动桥应降到二挡,而且发动机应制动。

(4)将换挡杆移到"D"位并把汽车加速到40km/h。松开加速踏板的同时将换挡杆移至"1"位。液力变矩器离合器应分离,变速驱动桥应降到一挡,发动机应产生制动作用。

(5)如果换挡点与表中所列值不一致,则应检查自动变速器油的油面高度—节气门阀拉索的调节情况和手动控制杆系。确保得到正确的调整。如果油面高度—拉索调节和控制杆系都正常,则应检查主油路压力。

四、路试结果与技术分析

在进行上述路试过程中,除第(1)项测试通过以外,其余(2)(3)(4)项都不能通过。在进行第(2)项测试时,轻踩制动踏板,车速降到约每小时35km/h时,发动机发生熄火;在进行第(3)项测试时,松开加速踏板,只要将换挡杆移到"2"位,发动机就熄火;在进行第(4)项测试时,只要将换挡杆移至"1"位,发动机也熄火。也就是说:液力变矩器离合器不能分离,始终处在三挡位置,这就为进一步故障诊断大大缩小了范围。

五、进一步检测分析

1. 需要检查的部位

汽车热车后制动就熄火的故障原因找到了,是液力变矩器离合器不能分离。液力变矩器离合器安装在液力变矩器内,是一个密封的装置,不能被解体检查,况且已知液力变矩器更换了一个全新的总成,引起这个故障的真正原因只能是在液力变矩器以外的部位,在于控制液力变矩器离合器接合与分离的部分。但是影响液力变矩器离合器接合与分离的因素有很多,需要检查的部位有以下几个。

(1)制动开关。电能从点火开关经过制动开关到达液力变矩器离合器的电磁阀,当踩下制动踏板而液力变矩器离合器接合时,到达液力变矩器离合器电磁阀电源被切断,松开液力变矩器离合器(离合器分离),因而防止发动机熄火。

(2)冷却液温度传感器。该传感器为动力传动控制单元提供发动机冷却液温度信息,在来自该传感器的信号表明冷却液的温度高于 55-65℃ 之后,动力传动控制单元才允许液力变矩器离合器工作。

(3)动力传动控制单元(ECM)。为了确定液力变矩器离合器的接合,动力传动控制单元要接收并处理来自各传感器与开关的信息,这些传感器与开关包括车速传感器、冷却液温度传感器、节气门位置传感器、3挡和2挡开关以及制动器开关,动力传动控制单元通过为液力变矩器离合器的电磁阀电路提供一个接地电路,来控制液力变矩器离合器的电磁阀电路接通。

(4)液力变矩器离合器电磁阀。由动力传动控制单元控制对电磁阀供电,以便在辅助控制阀总成中,改变液压油流向液力变矩器离合器接合阀的方向。该电磁阀随液力变矩器离合器的调节阀的动作而动作,从而控制液力变矩器离合器的接合和分离。

(5)节气门位置传感器(TPS)。该传感器为动力传动控制单元提供节气门位置信息,当节气门位置信号低于某一规定值时,不允许液力变矩器离合器工作。

(6)真空度传感器(VSS)。该传感器将发动机进气管真空度(负载)信息传给动力传动控制单元。

(7)车速传感器(VSS)。该传感器将车速信息传给动力传动控制单元。在液力变矩器离合器被接合之前,车速必须高于换挡规定值。

2. 液力变矩器离合器锁止信号测试

(1)使发动机工作温度升高,抬升汽车并支撑驱动轮和悬架,务必要防止损伤驱动桥。

(2)拆开液力变矩器离合器与变速器的电接头,在液力变矩器离合器束端子"A"与"D"之间跨接一个测试灯,起动发动机将变速器置于"D"位(驱动位)。将汽车加速到 75km/h,注意观察测试灯,应当点亮。其工作原理如图 2-15 所示。

(3)将车速减到 35km/h 以下,注意观察测试灯,应当熄灭。

经过测试,将汽车加速到 75km/h 时,测试灯是亮的;将车速减到 35km/h 以下,测试灯是熄灭的。液力变矩器离合器锁止信号测试通过,也就是说:动力传动控制单元是良好的。

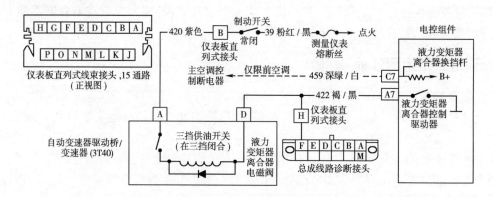

图 2-15　液力变矩器离合器工作原理图

3. 液力变矩器离合器电磁阀的测试

拔出接到液力变矩器离合器电磁阀端子"A"与"D"之间的线路插接器,检查电磁阀两个针脚间的电阻,应大于 20Ω。实测结果大于 20Ω,电磁阀电磁线圈没有故障。

上面提到的应该检查的部位已经全部检查,没有发现什么有价值的线索,液力变矩器离合器电磁阀经过部件测量,也符合规范要求。

六、故障的排除

这时候回忆起刚才做液力变矩器离合器电磁阀部件测量时,为了方便使用万用表测试,是把电磁阀从阀体上拔下来做检测的,刚拔下电磁阀时,随着油道中残存的液压油流出来许多黑乎乎的东西。于是,用举升机重新将汽车举起,拔下变速驱动桥电器插头,打开偏盖(阀体盖),再一次拆下液力变矩器离合器电磁阀,在地上磕了几下,也发现有脏东西流出来。使用蓄电池和导线,用手握住电磁阀,给电磁阀接线针脚"A"一个 12V 电源,同时将电磁阀接线针脚"D"接蓄电池负极,发现电磁阀震动十分微弱。旁边正好有一个不久前刚刚替换下来的旧阀体,拆下该阀体上的液力变矩器离合器电磁阀,用同样的方法试验,发现震动强劲有力。把这个电磁阀换到故障汽车上进行路试,故障彻底排除。

七、综合分析

3T40 自动变速器是一种三速全液压自动变速器,在 GM 各车系中应用十分广泛,早期的还有 125C 和 MD9 等,其结构、外形都一样,只是阀体油路略有差别。早期的电气部分由液力变矩器离合器电磁阀和三档压力开关组成,后期的增加了一个二挡压力开关,在三挡锁止时压力开关闭合,液力变矩器离合器电磁阀通电工作,将变矩器离合器压紧,此时变矩器离合器将自动变速器输入轴与发动机曲轴锁止在一起,为刚性连接,使自动变速器输出轴与发动机曲轴同步运转。当车速由三挡降至二挡时,压力开关断开,液力变矩器离合器电磁阀打开,及时将液力变矩器离合器内充斥的油压泄去,使液力变矩器离合器放松。由于车辆放置太久,致使电磁阀内有污物,导致液力变矩器离合器电磁阀通电后工作行程不到位,泄油不及时,自动变速器仍处于锁止状态,等于仍然处在三挡位置,在接近红绿灯或转弯减速时,由于拖挡原因就会造成发动机熄火。此时将变速杆置于"D"位,打开点火开关,几个人推车,便能使发动机重新起动运行,与手排挡的变速器没有什么区别,前面车主讲的故事就是因为赶上了红绿灯,情急之下忘了将变速杆置于"N(空挡)"位,点火开关又开着,所以几个人使劲一推,发动机就又重新起动了。若将汽车放置一段时间,待变矩器离合器内液压油慢慢泄去,锁止松开,又能正常起动行驶。由于时值冬季,天气寒冷,发动机降温比较快,误以为是自动变速器油温过高造成的故障,其实该故障与油温无关,直接原因是车辆放置太久,重新启用又没有做维护,更换自动变速器滤清器和换油处理,致使变矩器离合器电磁阀被沉积物卡滞所造成的。

虽然该故障案例车型很老,所用3T40自动变速器也不再用了,但是在汽车自动变速器发展史上,全液压自动变速器是一个重要的发展阶段,这个案例也很有典型意义。

八、故障再现

由于车型较老,且该故障容易造成传动系统因过载而受损,因此不适合故障再现。

复习与思考题

一、简答题

1. 请简述路试的方法、步骤、注意事项和技术规范?
2. 请简述液力变矩离合器锁上信号的测试过程?

二、单选题

1. 我们通常认为凡是自动变速器型号后缀(　　)字母的,为电子控制自动变速器。
   A. S　　　　　　　　　　B. D
   C. E　　　　　　　　　　D. A
2. 进行路试时,当车速为35~85km/h时,液力变矩器离合器应分离,当踩下加速踏板到节气门半开或全开时,变速驱动桥应降挡到(　　)。
   A. 一挡　　　　　　　　　B. 二挡
   C. 三挡　　　　　　　　　D. 四挡

三、多选题

下列属于影响液力变矩离合器结合与分离的因素有(　　)。
A. 冷却液温度传感器　　　　B. 动力传动控制单元(ECM)
C. 节气门位置传感器(TPS)　　D. 车速传感器(VSS)

四、判断题

1. 进行路试时,如果换挡点与维修手册中所列值不一致,则应检查主油路压力。(　　)
2. 当冷却液温度高于55~65℃时,动力传动控制单元允许液力变矩器离合器工作。(　　)

案例 4　帕萨特领驭多个制动相关系统报警的故障案例分析

一、车型故障资料

一辆帕萨特领驭轿车,搭载 1.8TSI 发动机,装配 0AM7 挡双离合变速器,行驶里程约 2.5 万 km。近期车主发现中央仪表板上有好几个涉及制动、轮胎气压监控、牵引力控制以及电控转向系统的报警灯点亮,于是送修理厂报修。

二、初步检查分析

根据车主报修的情况,首先起动发动机并怠速运转,发现组合仪表上的防抱死制动系统、驻车制动系统、电动助力转向系统、轮胎气压监控以及牵引力控制共有五个报警灯一直点亮,如图 2-16 所示。故障现象与客户描述的一致。

图 2-16　组合仪表上的五个报警灯点亮

三、ABS 制动系统简介

汽车在行驶中,强制减速以至停车的能力,称为制动效能。汽车在制动时仍能按指定方向和轨迹行驶,即不发生跑偏、侧滑以及失去转向的能力,称为制动时的方向稳定性。随着汽车制造技术的进步以及高速公路网的普及,汽车的行驶速度也来越快,在制动距离、制动时间、制动减速度等方面,传统的普通制动系统已不能获得满意的效果,ABS 防抱死制动系统便应运而生了。

ABS 轮胎防抱死制动系统最早用于飞机上,1945 年,美国通用机器公司开发了用于喷气飞机的 ABS 系统。到 20 世纪 50 年代后期至 1960 年,Good Year 和 Hydro Aire 公司开发出了用于汽车的 ABS 系统。1957 年,福特与 Kelsey Hayes 公司联合开发 ABS 系统获得成功。1958 年,Dunlop 公司开发出了载货车用 Maxaret ABS。到 1960 年,Harry Ferguson Research 公司改进了 Maxaret ABS 并投入批量生产。而 1978 年起,ABS 防抱死制动系统进入发展高峰,如今在我国,ABS 也已成为家用汽车的必备装备。

ABS 防抱死制动是在普通制动系统基础上,增加了一套电子传感器、电子执行机构和电子控制器而形成的。

1. ABS 的组成

（1）传感器。有前轮轮速传感器 G45/G47、后轮轮速传感器 G44/G46、制动灯开关 F、ABS 警告灯 K47、制动警告灯 K118、信号齿圈。

（2）控制与执行机构。有 ABS 控制单元 J104、液压单元 N55、液压泵 V64、诊断接口。

2. ABS 的工作原理

由轮速传感器测得与车轮转速成正比的交流信号,送入电子控制单元,由其中的运算单元计算出车轮速度、滑移率、车轮减速度,经控制单元加以分析后,液压单元发出制动压力控制指令,液压泵调整各轮的压力。控制单元还具有监控和检测功能,对 ABS 其他部件功能进行监测,发现异常时报警,系统部件发生故障时,没有替代模式,ABS 系统退出工作,改为普通制动状态。

由于制动系统决定行车安全,至关重要,因此,在动力 CAN 总线数据传输中,ABS 信号是第一优先级的。如果对某车轮的制动压力可以进行单独调节,这种控制方式称为独立控制;如果对两个(或两个以上)车轮的制动压力一同进行调节,这种控制方式则称为一同控制。在两个车轮的制动压力进行一同控制时,如果以保证附着力较大的车轮不发生制动抱死为原则,进行制动压力调节,称这种控制方式为按高选原则一同控制;如果以保证附着力较小的车轮不发生制动抱死为原则,进行制动压力调节,则称这种控制方式为按低选原则一同控制。图 2-17 为四控制通道 ABS 系统图,图 2-18 为三通道控制 ABS 系统图。

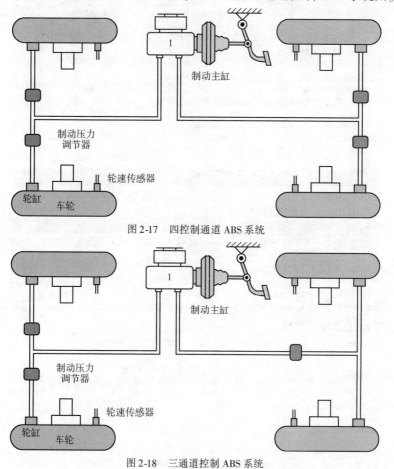

图 2-17　四控制通道 ABS 系统

图 2-18　三通道控制 ABS 系统

随着汽车电子技术发展和车载网络总线系统被广泛应用,单纯的 ABS 防抱死制动也不能达到令人满意的效果,汽车制动还与牵引力控制、驻车制动、电子差速系统、轮胎气压监控以及电控转向系统都密切相关。因此,本故障案例的排查应首先从网关系统入手。

四、故障诊断仪检查及数据分析

根据"代码优先"的原则。首先使用故障诊断仪 VAS5051B 进入网关控制器安装列表检查故障,发现发动机控制单元、制动器控制单元、驻车制动器及电控动力转向均存在故障码,如图 2-19 所示。进入发动机控制单元检查故障码及含义,发现存在 1 个故障码:53271,含义为:软件与防抱死制动系统不兼容,请读取故障码(静态),如图 2-20 所示。

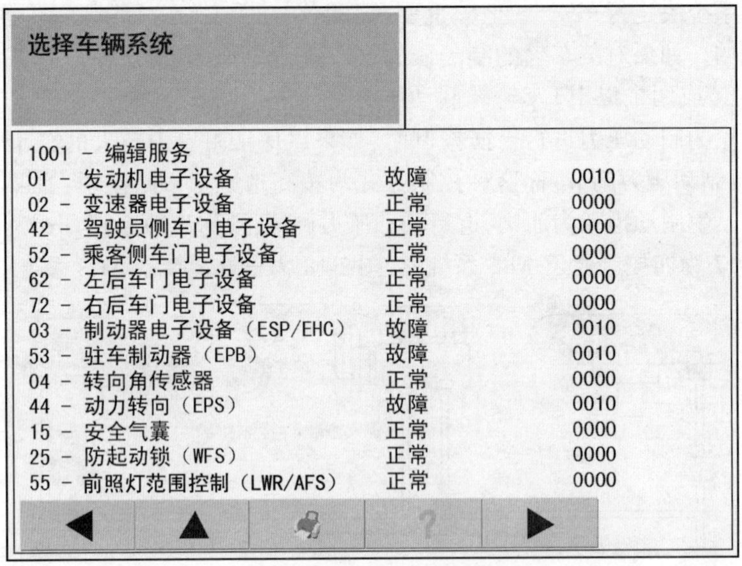

```
选择车辆系统

1001 - 编辑服务
01 - 发动机电子设备              故障    0010
02 - 变速器电子设备              正常    0000
42 - 驾驶员侧车门电子设备        正常    0000
52 - 乘客侧车门电子设备          正常    0000
62 - 左后车门电子设备            正常    0000
72 - 右后车门电子设备            正常    0000
03 - 制动器电子设备(ESP/EHC)    故障    0010
53 - 驻车制动器(EPB)            故障    0010
04 - 转向角传感器                正常    0000
44 - 动力转向(EPS)              故障    0010
15 - 安全气囊                    正常    0000
25 - 防起动锁(WFS)              正常    0000
55 - 前照灯范围控制(LWR/AFS)    正常    0000
```

图 2-19 网关控制器故障列表

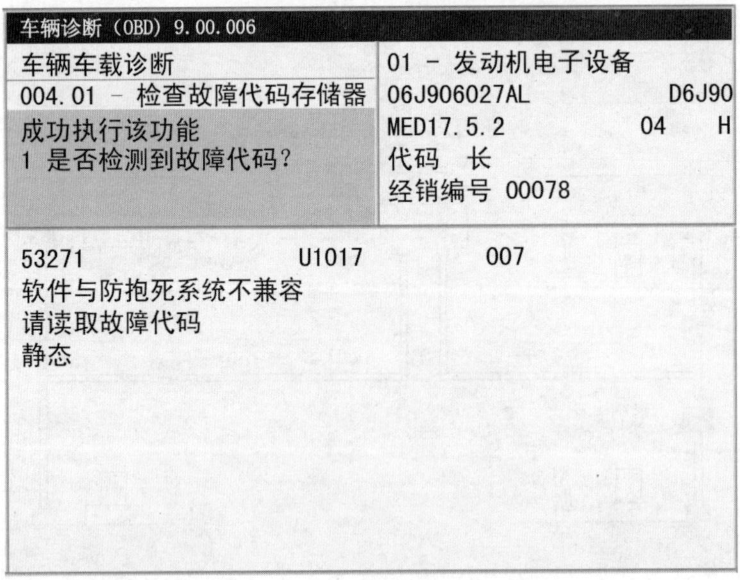

```
车辆诊断(OBD)9.00.006
车辆车载诊断                    01 - 发动机电子设备
004.01 - 检查故障代码存储器     06J906027AL         D6J90
成功执行该功能                  MED17.5.2      04   H
1 是否检测到故障代码?           代码  长
                                经销编号 00078

53271              U1017            007
软件与防抱死系统不兼容
请读取故障代码
静态
```

图 2-20 发动机控制单元故障列表

进入制动器控制单元检查故障码及含义,发现存在 2 个故障码,①01325,含义为:轮胎压力监控器控制单元无信号/通信(静态);②00290,含义为:左后 ABS 车轮转速传速器 G46 机械故障(静态),如图 2-21 所示。

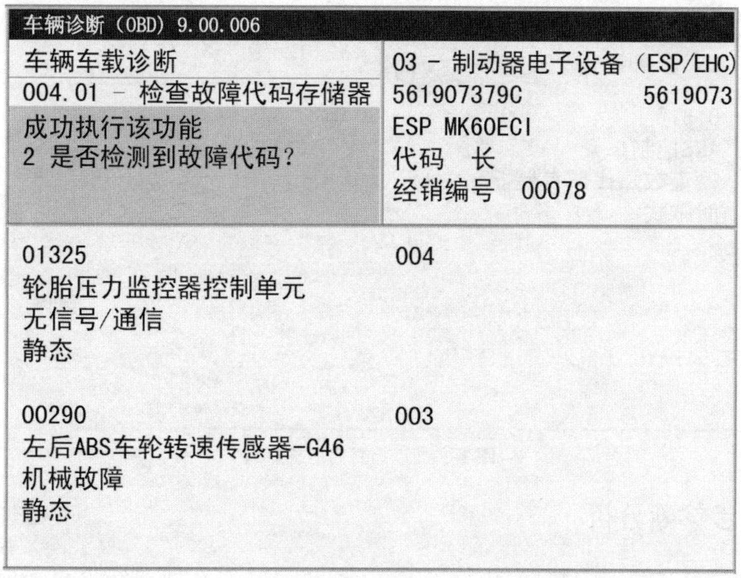

```
车辆诊断（OBD）9.00.006
车辆车载诊断                    03 - 制动器电子设备 （ESP/EHC）
004.01 - 检查故障代码存储器     561907379C          5619073
成功执行该功能                  ESP MK60ECI
2 是否检测到故障代码？          代码    长
                               经销编号   00078

01325                          004
轮胎压力监控器控制单元
无信号/通信
静态

00290                          003
左后ABS车轮转速传感器-G46
机械故障
静态
```

图 2-21　制动器控制单元故障列表

进入驻车制动器检查故障码及含义,发现存在 1 个故障码:U111300 含义为:由于接收到故障值而造成的功能受限(被动/偶发),如图 2-22 所示。

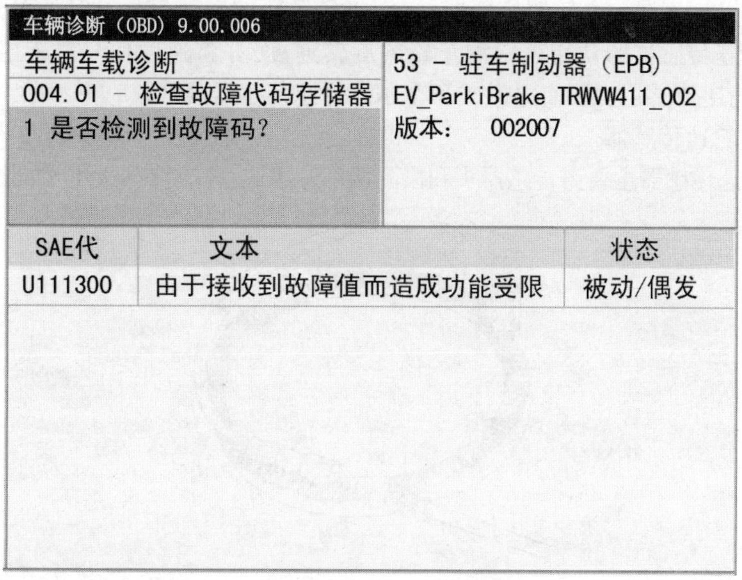

```
车辆诊断（OBD）9.00.006
车辆车载诊断                    53 - 驻车制动器 （EPB）
004.01 - 检查故障代码存储器     EV_ParkiBrake TRWVW411_002
1 是否检测到故障码？            版本：   002007

SAE代      文本                              状态
U111300    由于接收到故障值而造成功能受限    被动/偶发
```

图 2-22　驻车制动器故障列表

进入动力转向系统检查故障码及含义,发现存在 1 个故障码:01316,含义为:ABS 控制元检查故障代码存储器(间歇式),如图 2-23 所示。

```
车辆诊断（OBD） 9.00.006
车辆车载诊断                    44 - 动力转向（EPS）
004.01 - 检查故障代码存储器      1K0909144M
成功执行该功能                   EPS_ZFLS KI.  196      H20
1 是否检测到故障代码？           代码
                                经销编号   00078

01316                           013
ABS控制单元
检查故障代码存储器
间歇式
```

图 2-23 动力转向的故障码

五、进一步诊断分析

用 U 盘备份上述读到的数据，执行清除故障码操作，对车辆进行路试，在反复踩踏制动踏板后，只有 00290 号故障码出现，含义为左后 ABS 车轮转速传速器 G46 机械故障（静态），其他故障码暂未出现。因此，应当把轮速传感器故障作为重点排查对象。

1. 轮速传感器简介

每个车轮上均安置一个轮速传感器，它们将各车轮的转速信号及时的输入电子控制单元（ECU）。轮速传感器的功用是检测车轮的旋转速度，并将速度信号输入电子控制单元。目前，常用的轮速传感器主要有电磁式和霍尔式轮速传感器两种。

1) 电磁式轮速传感器

电磁式轮速传感器主要由传感器头和齿圈两部分组成，轮速传感器外形如图 2-24 所示。

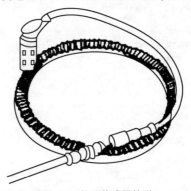

图 2-24 轮速传感器外形

齿圈一般安装在轮毂或轴座上，轮速传感器在后车轮处的安装位置如图 2-25 所示。对于后轮驱动且后轮采用同时控制的汽车，齿圈也可安装在差速器或传动轴上，轮速传感器在传动系中的安装位置如图 2-26 所示。

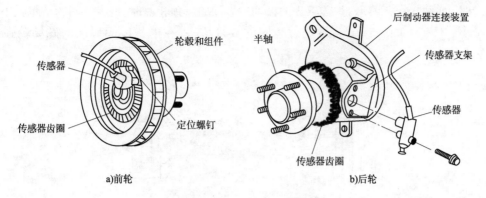

a)前轮　　　　　　　　　　b)后轮

图 2-25　轮速传感器在后车轮处的安装位置

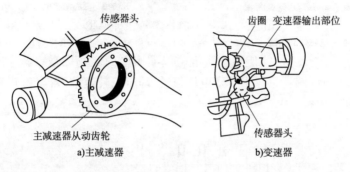

a)主减速器　　　　　　　　b)变速器

图 2-26　轮速传感器在传动系中的安装位置

齿圈随车轮或传动轴一起转动,通常用磁阻很小的铁磁材料制成。传感头通常由永久磁铁、电磁线圈和磁极等组成,电磁式轮速传感器的结构图如图 2-27 所示。它对应安装在靠近齿圈而又不随齿圈转动的部件上,如转向节、制动底板、驱动轴套管或差速器、变速器壳体等固定件上。传感头与齿圈的端面有一空气间隙,此间隙一般为 1mm,通常可移动传感头的位置来调整间隙。

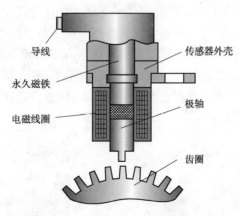

图 2-27　电磁式轮速传感器的结构

电磁式轮速传感器的工作原理如图 2-28 所示。传感器齿圈随车轮旋转的同时,即与传感头极轴做相对运动。当传感头的极轴与齿圈的齿隙相对时,极轴距齿圈之间的空气间隙最大,即磁阻最大。传感头的磁极磁力线只有少量通过齿圈而构成回路,在电磁线圈周围的磁场较弱,如图2-28a)所示;当传感头的极轴与齿圈的齿顶相对时,两者之间的空隙较小,即磁阻最小。传感头的磁极磁力线通过齿圈的数量增多,在电磁线圈周围的磁场较强,如图2-28b)所示。

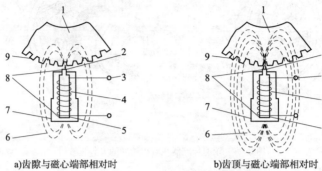

a)齿隙与磁心端部相对时　　　　b)齿顶与磁心端部相对时

图 2-28　电磁式轮速传感器的工作原理图

1-齿圈;2-极轴;3-电磁线圈引线;4-电磁线圈;5-永久磁体;6-磁力线;7-电磁式传感器;8-磁极;9-齿圈齿顶

齿圈随车轮不停地旋转,就使传感头电磁线圈周围的磁场以强—弱—强—弱……周期性地变化,因此,电磁线圈就感应出交变电压信号,即车轮转速信号,电磁式轮速传感器输出电压信号图如图2-29所示。

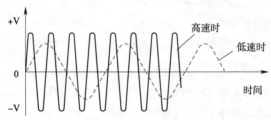

图 2-29　电磁式轮速传感器输出电压信号

交变电压信号的频率与齿圈的齿数和转速成正比,因齿圈的齿数一定,因而车轮转速传感器输出的交流电压信号频率只与相应的车轮转速成正比。

轮速传感器由电磁线圈引出两根导线,将其速度变化产生的交变电压信号送至ABS的电子控制单元(ECU)。为防止外部电磁波对速度信号的干扰,传感器的引出线采用屏蔽线,以保证反映车轮速度变化的交变电压信号准确地送至ABS的电子控制单元(ECU)。

一般汽车前轮上的轮速传感器被固定在车轮转向架上,转子安装在汽车轮毂上,与车轮同步转动。后轮上的轮速传感器被固定在后轴支架上,转子安装在驱动轴上,与车轮同步转动。如图2-30所示。

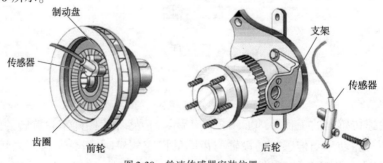

图 2-30　轮速传感器安装位置

2)霍尔式轮速传感器

霍尔式轮速传感器也是由传感头、齿圈组成。其齿圈的结构及安装方式与电磁式轮速传感器的齿圈相同,传感头由永磁体、霍尔元件和电子电路等组成。

霍尔式轮速传感器如图 2-31 所示,永磁体的磁力线穿过霍尔元件通向齿圈,齿圈相当于一个集磁器。当齿圈位于图 2-31a)所示位置时,穿过霍尔元件的磁力线分散,磁场相对较弱;而当齿圈位于图 2-31b)所示位置时,穿过霍尔元件的磁力线集中,磁场相对较强。齿圈转动时,使得穿过霍尔元件的磁力线密度发生变化,因而引起霍尔元件电压的变化,霍尔元件将输出一毫伏级的准正弦波电压。此信号由电子电路转化成标准的脉冲电压。

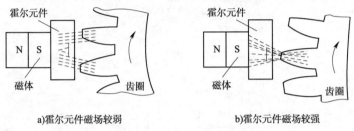

a)霍尔元件磁场较弱 b)霍尔元件磁场较强

图 2-31 霍尔式轮速传感器

2. 两类传感器的特点

(1)电磁式轮速传感器结简单,成本低。但存在以下缺点。

①输出信号的幅值是随转速变化而变化的。在规定的转速范围内,其输出信号的幅值一般在 1~15V 范围内变化,若车速过低,其输出信号低于 1V,电子控制单元就无法检测到信号。

②频率相应不高。当转速过高时,传感器的频率响应跟不上,容易产生误信号。

③抗电磁波干扰能力差。

(2)霍尔式车轮转速传感器克服了电磁式传感器的缺点,其输出信号电压幅值不受转速的影响,频率响应高,抗电磁波干扰能力强。因而,霍尔传感器在 ABS 系统中应用越来越广泛,目前,只在高端轿车如奔驰宝马等车型使用,帕萨特领驭使用的是电磁感应式轮速传感器。

轮速传感器发生故障,ABS 控制单元将接收不到车轮转速信号,不能控制制动压力调节器工作,ABS 也将停止工作,车辆维持在常规制动。轮速传感器的导线、插接器或传感头松动、电磁线圈等出现接触不良、断路、短路或脏污、间隙不正常,都会影响轮速传感器的工作,从而造成 ABS 工作异常。

六、轮速传感器的部件测试

1. 轮速传感器线圈电阻的检查

拆下轮速传感器的连接插头,用万用表 R×100 挡,检查每个端子与车身的导通情况,正常时应不导通,否则,传感器有搭铁故障。上述检查正常后,应进一步测量传感线圈阻值,在 1.1~1.3kΩ 之间,后轮差速器上的车速传感器内部电阻则在 600~1600Ω 之间。阻值不符合标准时,应予更换。

2. ABS 信号齿圈的检查

检查转子齿圈有没有裂纹、缺齿和断齿,齿圈的齿与齿之间是否有吸附铁屑(传感器头部端面与齿圈凸起端面要保留约 1mm 的间隙,可用无磁性的塞尺检查)。

3. 轮速传感器输出信号的检查

用示波器与轮速传感器反馈信号线相接,车轮以 20km/h 以上的速度行驶,检查轮速传感器输出波形,输出电压应不小于 0.5V,否则,应调整间隙或更换轮速传感器。其波形图如图 2-32 所示。

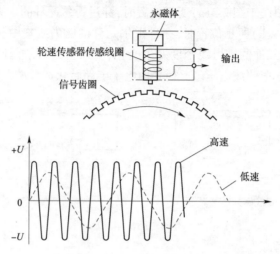

图 2-32 电磁感应式轮速传感器输出的电压波形

七、故障排除

根据"先简后繁、先易后难"的原则,将车辆举升,首先使用万用表检查左后轮速传感器电阻,结果符合要求。再连接示波器检查波形,发现左后轮速传感器输出有杂波。因此,问题极有可能出现在信号齿圈上。接着拆下左后轮,仔细检查信号齿圈,发现在信号齿圈上沾着一块黑色的沥青,如图 2-33 所示。

图 2-33 信号齿圈上黏附异物导致信号失常

仔细清理黏附在信号齿圈上的沥青,再清洁左后轮速传感器的感应头,装复车轮,连接示波器,可以读到正常的输出波形。放下车辆,清除所有存储的故障码进行路试,各故障警告灯不再报警,故障彻底排除。

八、综合分析

整车传感器总线数据共享。由于车载局域网 CAN 总线在汽车上广泛应用,加之 ABS 防抱死制动系统与牵引力控制、电子差速锁、驻车制动、轮胎气压检测、电控转向以及发动机控制都有着密切的联系,且需要实时交换数据,因此,一块小小的沥青黏附在信号齿圈上,时间一久就引起连锁反应,导致相关报警灯提示报警。所以,故障信息多并不可怕,在读到多个系统多个故障代码时,需要确定软硬故障,先从硬故障下手。

代码分析与验证故障是重要的故障诊断手段。通过验证故障,其他故障码可以被暂时清除,习惯称之为"软故障",而始终保留左后轮速传感器机械故障的代码提示,习惯称之为"硬故障",因此,先期重点解决"硬故障"标识的问题。

弄懂弄通结构原理。在明确了轮速传感器的结构、组成、工作原理、安装位置以及与之相关的部件之后,逐项排查,最终必能解决问题。

复习与思考题

一、简答题

1. ABS的组成部分包括什么?
2. 电磁式轮速传感器的特点以及存在的缺点有哪些?
3. 轮速传感器及其导线、插接器发生故障时,会对ABS工作造成何种影响?

二、单选题

1. 在动力CAN总线数据传输中,(   )信号是第一优先级的。
   A. 发动机控制信号   B. ABS信号
   C. 自动变速器信号   D. SRS信号
2. 后轮差速器上的车速传感器内部电阻则在(   )之间。
   A. 300~1300Ω   B. 500~1500Ω
   C. 600~1600Ω   D. 800~1800Ω

三、多选题

1. 在普通制动系统基础上增加了(   )构成了ABS防抱死制动系统。
   A. 电子执行机构   B. 电子传感器
   C. 电子控制器   D. 以上都有
2. 常用的轮速传感器主要有(   )和两种构成了ABS防抱死制动系统。
   A. 霍尔式传感器   B. 电阻式传感器
   C. 电磁式传感器   D. 压阻式传感器

四、判断题

1. 汽车在行驶中,强制减速以至停车的能力,称为制动效能。   (   )
2. 车轮以20km/h以上的速度行驶,检查轮速传感器输出波形,输出电压应不小于1.5V,否则,应调整间隙或更换轮速传感器。   (   )

案例5 ABS控制器的故障案例分析

一、车型故障资料

一辆新款帕萨特领驭1.8T轿车，搭载CEA 1.8TSI发动机，配备0AM 7速双离合变速器，行驶里程4万km。汽车用户反映该车中央仪表板上的ABS、ASR及轮胎压力监控指示灯报警，于是送修。

二、初步检查分析

打开点火开关，起动发动机怠速运转，发现组合仪表上确实出现上述指示灯长亮不熄灭，与汽车用户描述的故障现象一致。根据"代码优先"的原则，首先使用故障诊断仪VAS5051B进入网关安装列表检查故障，发现发动机控制单元、变速器控制单元、制动器控制单元、驻车制动器、动力制动器、动力转向及网关控制器均存在故障。

接下来分别检查并记录存在故障的各个控制单元内的故障代码及含义，发现发动机控制单元存在一个故障码53271，含义为：软件与防抱死系统不兼容请读取故障码(静态)；变速器控制单元存在一个故障码06279，含义为：制动器控制单元发出的车轮转速车速信号不可靠信号(静态)；制动器控制单元存在2个故障码，01325，含义为：轮胎压力监控器控制单元无信号/通信(静态)，00290，含义为：左后ABS车轮转速传感器G46电路电器故障(静态)；驻车制动器发现存在一个故障码U111300，含义为：ABS控制单元检查故障码存储器(静态)。

经过查看出现故障的控制单元内故障码及含义，初步分析造成该故障的原因是制动器电子系统的左后ABS传感器。而造成ABS传感器出现故障的原因可能是传感器本身或控制单元到传感器之间的线束存短路/断路。接通点火开关，拔下左后ABS传感器插头，测量插头的1号针脚与2号针脚之间的电压，电压为0V；拔下右后ABS传感器插头测量电压约有12V电压，这表明左后轮速传感器的线束确实存在故障。

经过查看电路图得知，传感器插头T2ay/1是连接控制单元的T47/36针脚，传感器插头T2ay/2是连接控制单元的T47/37针脚。拔下控制单元的插头，测量传感器线束插头T2ay/1到控制单元T47/36不存在断路，测量T2ay/2到控制单元T47/37也不存在断路。测量控制单元插头的T47/36与T47/37是否发生短路，经测量为与车身搭铁。连接电路图如图2-34所示。

按照"先简后繁、先易后难"的原则，首先拆下后座检查线束是否搭铁情况，没有发现问题，再拆下左侧A、B柱下方的饰板，在固定安全带的螺栓处，发现线束受到安全带固定螺栓的挤住，如图2-35所示。

将螺钉拆下检查受到挤压的线束，发现线束表皮已经破损并露出铜线。用黑胶带包裹修复受损的线束，清除全部故障码后发现故障灯依然点亮。

三、进一步诊断分析

脱开ABS控制单元J104的插接器，在右后轮速传感器G44信号输入端子T47/42与T47/43处用万用表交流电压挡测量，右后轮胎转动时的信号电压为0.65V，比较左侧G46

信号输入端子的信号电压也为 0.65V,左右相同意味着轮速信号输入无异常,这表明传感器及检测对象(磁环气隙)没有问题。脱开后排座椅下方的 G46 插接器 T2ay,测量 ABS 控制单元 J104 给到 G46 上的预置电压为 0.58V,对比测量左后轮速传感器 G44 的预置电压为 2.58V,明显不一致。读取数据块发现,汽车处于熄火停止状态时,08-001 组 4 区的测量值并不为 0,而在 0~18km/h 范围内跳动。

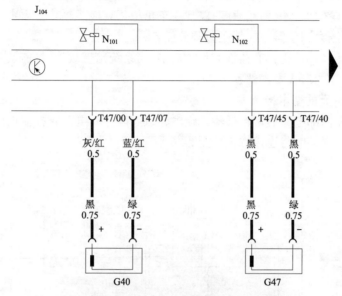

图 2-34　两个轮速传感器与控制单元连接电路图

图 2-35　挤住的线束

四、路试分析

带上 VAS5051B 故障诊断仪路试,车速在 30km/h 以下时,1 组测量值前 3 区的数值稳定上升,但 4 区的数值上下变化很大,只有车速超过 30km/h 后才逐渐稳定下来,与前 3 区的数值相同。因此怀疑控制单元内部存在故障。

五、ABS 控制单元 J104 简介

ABS 控制单元 J104 是 ABS 的控制中心,它根据各个车轮轮速传感器输入的信号对各个车轮的运动状态进行监测和判定,并形成响应的控制指令,再适时发出控制指令给制动压力

调节器。当电子控制单元(ECU)监测到系统出现故障时,将自动关闭 ABS,仅保留常规制动系;同时存贮故障信息,并将 ABS 警告灯点亮,提示驾驶员尽快进行修理。

1. ABS 控制单元的功用

电子控制单元(J104)是 ABS 的控制中枢,其功用是接收轮速传感器及其他传感器输入的信号,对这些输入信号进行测量、比较、分析、放大和判别处理,通过精确计算,得出制动时车轮的滑移率、车轮的加速度和减速度,以判断车轮是否有抱死趋势。再由其输出级发出控制指令,控制制动压力调节器去执行压力调节任务。

电子控制单元(ECU)还具有监控和保护功能,当系统出现故障时,能及时转换成常规制动,并以故障灯点亮的形式警告驾驶员。

2. ABS 控制单元的基本构造

ABS 控制单元内部电路通常包括输入级电路、运算电路、电磁阀控制电路和安全保护电路。电子控制单元内部电路连接方式如图 2-36 所示。

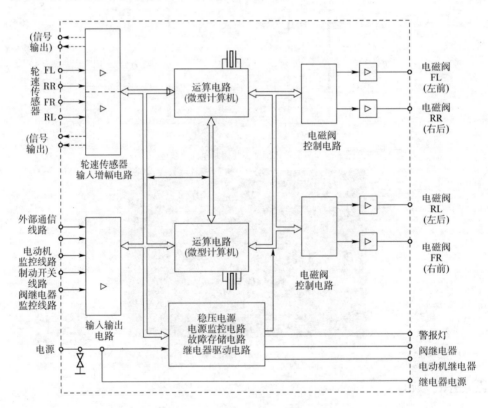

图 2-36 电子控制单元内部电路连接方式

(1)输入级电路。

输入级电路的功用是将轮速传感器输入的正弦波信号转换成脉冲方波信号,经整形放大后输入运算电路。

不同的 ABS 轮速传感器的数量不同,输入级放大电路的个数也不同。

(2)运算电路。

运算电路的功用主要是进行车轮线速度、初始速度、滑移率、加速度和减速度的运算,调节电磁阀控制参数的运算和监控运算。

经转换放大后的轮速传感器信号输入车轮线速度运算电路,由电路计算出车轮的瞬时速度。初始速度、滑移率及加减速度运算电路根据车轮瞬时线速度加以积分,计算出初速度,再把初速度和车轮瞬时线速度进行比较运算,最后得到滑移率和加速度、减速度。电磁阀控制参数运算电路根据计算出的滑移率、加减速度信号,计算出电磁阀控制参数并输出到电磁阀控制电路。

电子控制单元中一般设有两套运算电路,同时进行运算和传递数据,利用各自的运算结果相互比较、相互监视,确保可靠性。

(3) 电磁阀控制电路。

电磁阀控制电路的功用是接受运算电路输入的电磁阀控制参数信号,控制大功率三极管向电磁阀提供控制电流。

(4) 安全保护电路。

安全保护电路的功用如下。

①将汽车电源(蓄电池、发电机)提供的12V或14V的电压变为ECU内部所需的5V标准稳定电压,同时对电源电路的电压是否稳定在规定的范围进行监控。

②对轮速传感器输入放大电路、运算电路和输出级电路的故障信号进行监视。当出现故障信号时,关闭继动阀门,停止ABS的工作,转入常规制动状态。同时点亮仪表盘上的ABS警告灯,提示驾驶员ABS出现故障,并将故障信息以故障码的形式储存在存储器中,以诊断时调取。

3. ABS控制单元的检测

(1) 检测条件。

①熔断丝完好;

②关闭用电设备,如前照灯、空调和风扇等;

③拔下ABS电子控制单元上的线束插头,使其与检测箱V. A. G1598/47的插座相连接,连接检测箱V. A. G1598/47如图2-37所示。

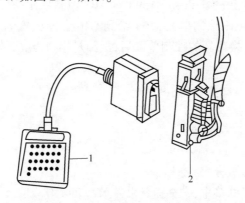

图2-37 连接检测箱 V. A. G1598/21
1-V. A. G1598/47;2-ABS电子控制单元线束插头

(2) 检测的方法及标准数值。

检测的方法及标准数值见表2-4检测的方法及标准数值。

检测的方法及标准数值　　　　　　　　　表 2-4

测试步骤	V.A.G1598/21 插孔	测试内容	测试条件(附加操作)	额定值(kΩ)
1	3+18	右前转速传感器(G45)的电阻	点火开关关闭	1.0~1.3
2	4+11	左前转速传感器(G47)的电阻	点火开关关闭	1.0~1.3
3	1+17	右后转速传感器(G44)的电阻	点火开关关闭	1.0~1.3
4	2+10	左后转速传感器(G46)的电阻	点火开关关闭	1.0~1.3
5	1+17	右后转速传感器(G44)的电压信号	举升汽车,点火开关关闭,使右后轮以约1r/s的速度转动	190~1140mV 的交流电压
6	2+10	左后转速传感器(G46)的电压信号	举升汽车,点火开关关闭,使右后轮以约1r/s的速度转动	190~1140mV 的交流电压
7	3+18	右前转速传感器(G45)的电压信号	举升汽车,点火开关关闭,使右后轮以约1r/s的速度转动	190~1140mV 的交流电压
8	4+11	左前转速传感器(G47)的电压信号	举升汽车,点火开关关闭,使右后轮以约1r/s的速度转动	190~1140mV 的交流电压
9	8+25	电子控制单元对液压泵的供电电压	点火开关关闭	10.0~14.5V
10	9+24	电子控制单元对电磁阀的供电电压	点火开关关闭	10.0~14.5V
11	8+23	电子控制单元供电电压	点火开关接通	10.0~14.5V
12	8+12	制动灯开关的功能	点火开关关闭(不踩制动踏板)(踩制动踏板)	0~0.5V 10.0~14.5V
13		ABS故障警告灯功能	点火开关关闭 点火开关打开	灯亮
14		制动装置警告灯功能	点火开关关闭 点火开关打开	灯亮

六、故障排除

通过使用大众专用诊断设备 V.A.G1598 对 ABS 控制单元进行上述检测,在其他输入条件均符合要求的前提下,ABS 控制单元 J104 给到 G46 上的预置电压为不符合要求,基本断定是 ABS 控制单元 J104,换用新的控制单元后,故障灯不再点亮,故障彻底排除。

复习与思考题

一、简答题

1. ABS 控制单元的功用有哪些?
2. ABS 控制单元内部电路中,安全保护电路的功用是什么?

二、单选题

ABS 控制单元内部电路通常包括:输入级电路、运算电路、(　　)和安全保护电路。
A. 电磁阀控制电路　　　B. 检测电路　　　C. 分析电路　　　D. 转换电路

三、多选题

以下关于 ABS 的电子控制单元(J104)描述正确的有( )。
A. 可以接收各传感器的输入信号　　B. 可以判断车轮是否有抱死趋势
C. 可以发出控制指令　　　　　　　D. 具有监控和保护功能

四、判断题

1. 当电子控制单元(ECU)监测到系统出现故障时,将自动关闭 ABS,仅保留常规制动系;同时存贮故障信息,并将 ABS 警告灯点亮,提示驾驶员尽快进行修理。　　( )
2. 电磁阀控制电路的功用是接受运算电路输入的传感器参数信号,控制大功率三极管向电磁阀提供控制电流。　　( )

案例 6　重型载货汽车吃胎的故障案例分析

一、车型故障资料

重型载货汽车由于载货重、长途行驶,轮胎吃胎的现象比较常见,也易多发,是令广大货运驾驶员比较头疼的常见故障。重型载货汽车多数是轮胎的内、外两侧吃胎,即轮胎边缘吃胎。轮胎中部吃胎的情况比较少见,一般多是由于轮胎制造瑕疵或者轮胎气压过大而导致的。如图 2-38 所示。

图 2-38　重型载货汽车轮胎吃胎状况

二、汽车轮胎简介

汽车轮胎是汽车的重要部件之一,它直接与路面接触,和汽车悬架共同来缓和汽车行驶时所受到的冲击,保证汽车有良好的乘坐舒适性和行驶平顺性;保证车轮和路面有良好的附着性;提高汽车的牵引性、制动性和通过性;承受着汽车、乘客和货物的质量。轮胎在汽车上所起的重要作用越来越受到人们的重视。

1. 轮胎的起源

在 1895 年随着第一辆汽车的出现,充气轮胎就得到了广泛的应用和发展。首批汽车轮胎样品是 1895 年在法国出现的,是由平纹帆布制成的单管式轮胎,虽有胎面胶但无花纹。

2. 轮胎分类

可分为子午线轮胎和斜交轮胎。

(1) 按汽车轮胎的花纹分类。

可分为条形花纹、横向花纹轮胎、混合花纹轮胎、越野花纹轮胎。

(2) 按汽车轮胎种类分类。

轮胎按车种分类，大致可分为 8 种。即 PC——轿车轮胎；LT——轻型载货汽车轮胎；TB——载货汽车及大客车轮胎；AG——农用车轮胎；OTR——工程车轮胎；ID——工业用车轮胎；AC——飞机轮胎；MC——摩托车轮胎。

(3) 按汽车轮胎尺寸分类。

①全尺寸备胎。全尺寸备胎的规格大小与原车其他 4 条轮胎完全相同，可以将其替换任何一条暂时或已经不能使用的轮胎。

②非全尺寸备胎。这种备胎的轮胎直径和宽度都要比其他 4 条轮胎略小，因此，只能作为临时代替使用，而且只能用于非驱动轮，并且最高时速不能超过 80km/h。

(4) 按汽车轮胎承压分类。

零压轮胎。零压轮胎又被称为安全轮胎(run-flat tire)，也就是我们俗称的"防爆轮胎"，业界直译为"缺气保用轮胎"。与普通轮胎相比，零压轮胎在遭到刺扎后，不会漏气或者漏气非常缓慢，能够保持行驶轮廓，胎圈也能一直固定在轮辋上，从而保证汽车能够长时间或者暂时稳定行驶至维修站。因此，装有这种轮胎的汽车也就不再需要携带备用轮胎，从而将备胎以另一种方式无形的隐藏在 4 条轮胎上。

3. 轮胎规格

一般轮胎规格可描述为：[胎宽 mm]/[胎厚与胎宽的百分比]R[轮毂直径(英寸)][载重系数][速度标识]。或者[胎宽 mm]/[胎厚与胎宽的百分比][速度标识]R[轮毂直径(英寸)][载重系数]。

例如轮胎：195/65 R15 88H 或者 195/65H R15 88

可以解释为：胎宽——195mm，胎厚与胎宽的百分比为——65% 即胎厚 = 126.75，126.75/195 * 100 = 65(%)，轮毂直径——15 英寸，载重系数——88，速度系数——H。

一般来说，了解[胎宽]/[胎厚与胎宽的百分比]R[轮毂直径(英寸)]对更换适合爱车的轮胎有帮助。了解轮胎的[载重系数][速度系标志]对行车安全有帮助。

4. 汽车轮胎速度标识

速 度 标 识	最 大 时 速	常 用 车 型
B	50 km/h	
C	60km/h	
J	100km/h	
K	110km/h	
L	120km/h	
M	130km/h	
N	140km/h	备用胎 Spare Tires
P	150km/h	

速度标识	最大时速	常用车型
Q	160km/h	雪胎,轻型卡车胎 Winter, LT Tires
R	170km/h	轻型卡车胎 LT Tires
S	180km/h	
T	190km/h	
U	200km/h	
H	210km/h	运动型轿车 Sport Sedans
V	240km/h	跑车 Sports Cars
Z	240km/h	跑车 Sports Cars(或大于240km/h)
W	270km/h	特型跑车 Exotic Sport Cars
Y	300km/h	特型跑车 Exotic Sport Cars

说明：

（1）较常见轮胎速度标识为：P,S,T,H；

（2）如轮胎无速度标识,除非另有说明,一般认为最大安全速度为120km/h。

三、汽车轮胎的正确维护方法

为了避免汽车轮胎不正常磨损情况的发生,应该注意以下事项。

（1）注意轮胎气压。气压是轮胎的命门,过高和过低都会缩短它的使用寿命。气压过低,则胎体变形增大,胎侧容易出现裂口,同时产生屈挠运动,导致过度生热,促使橡胶老化,帘布层疲劳、帘线折断。气压过低还会使轮胎接地面积增大加速胎肩磨损。气压过高,会使轮胎帘线受到过度的伸张变形,胎体弹性下降,使汽车在行驶中受到的负荷增大,如遇冲击会产生内裂和爆破,同时气压过高还会加速胎冠磨损,并使耐轧性能下降。

（2）定期检查前轮定位。前轮定位对轮胎的使用寿命影响较大,而尤以前轮前束和前轮外倾为主要因素。前轮外倾主要会加速胎肩的磨损即偏磨;前轮前束过小过大主要是加速轮胎内外侧的磨损。

（3）注意驾驶方式。驾驶员在行车中除了处理情况外,要选择路面行驶,躲避锋利的石头、玻璃、金属等可能扎破和划伤轮胎的物体,躲避化学遗洒物质对轮胎的黏附、腐蚀。行驶在拱度较大的路面时,要尽量居中行驶,减少一侧轮胎负荷增大而使轮胎磨损不均。一般情况下,超载20%则轮胎寿命减少30%,超载40%则轮胎寿命减少50%;另外急速转弯、紧急制动、高速起步以及急加速等都将对轮胎的损坏产生影响。

轮胎在汽车各部件中的地位十分重要,对汽车行驶性能影响也很大,轮胎的使用寿命又直接影响到运输经济效益。

（4）限制行车速度。提高车辆行驶速度,特别是经常处于快速行驶时,轮胎的使用寿命显著降低。因为车辆快速行驶时,轮胎在单位时间内与地面的接触次数就越多,摩擦也越频繁,使轮胎的变形频率增加。这时胎体周向和侧向产生的扭曲变形也随之加大。当速度达到临界速度时,胎冠表面的振动出现了波浪变形,形成静止波。这种静止波能在其产生几分钟后导致轮胎爆破,这是由于轮胎变形来不及复原所造成的滞后损失,而它的大小与负荷作用的时间有关,速度越快,时间超短,大部分的动能被吸收转变成热量,从而使轮胎温度升高,橡胶老化加速和帘线层的耐疲劳强度降低,轮胎因而早期脱空或爆破,因此,限制行车速度是非常重要的。

(5)根据道路情况行车。路面的种类及状况对轮胎使用寿命的影响很大,驾驶员应根据道路条件选择路面,掌握适当的行车速度,对增加轮胎的行驶里程具有积极作用。

车辆在平整、宽敞且视野良好的道路上行驶,如高速公路、国道线和省道线等,可根据车辆本身的技术条件和轮胎的性能适当提高车速,但也不宜过高,否则影响行车安全,降低轮胎的使用寿命。在不平整的碎石路和矿区路上行驶,由于尖石裸露或路边石块锐利,极易损坏轮胎,应注意选择路面并在较低车速下行车,以防止轮胎爆破损坏。

在冰雪路面上行驶,由于路面与车轮的摩擦系数较小,要注意防滑;若车轮打滑,应立即停车,试行倒退,另选路线前进,若倒退仍打滑,则应排除车前后和两旁的冰雪,或将后轮顶起,铺上石块、砖头、稻草,以便车辆通行。不要猛踏加速踏板,强行起步,以免轮胎越陷越深,原地空转剧烈生热,防止轮胎胎面及胎侧严重刮伤、划伤,甚至剥离掉块。在转弯频繁的路面上或陡坡上行驶,轮胎受到部分拖曳,即使路面条件较好,也应当在较低车速下行驶,以减少轮胎磨耗,确保行车安全。

(6)掌握轮胎的温度变化。炎热天气行车,由于外界气温较高,轮胎积热散发困难,由于行车速度快、运距长,道路条件恶劣等原因,胎温急剧上升,胎内气压也随之增加,从而加速橡胶老化,降低帘线与橡胶的黏合力,致使帘布层脱空或爆破损坏,故炎热天气行车应注意控制轮胎的使用温度。在酷热时行车,除应适当降低车速外,有条件的情况下可在早晚气温较低时行车,或车辆行驶一定距离后停车休息,防止胎温过高。严禁采用放气降压的做法,因放气后轮胎变形增大,会使胎温升高,最后也会因过热而使轮胎损坏。在气温低的季节,因为轮胎在使用时散热快,不容易产生高热,胎面较为耐磨。在气温低的季节,特别是严寒天气,车辆过夜或长时间停放后重新行驶时,为了提高轮胎温度,最好在起步后先以低速驾驶为宜。

四、重型卡车轮胎吃胎的主要原因

1. 前轮(转向轮)吃胎

直行定位调整不到位(图2-39),转向盘回位、转向机回到零位时轮胎不在直行位置。

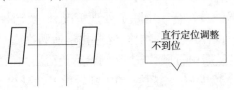

图2-39 直行定位调整不到位

前束调整不到位(图2-40),子午胎前束值正负0mm,斜交胎正负3mm。

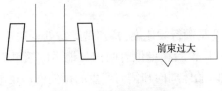

图2-40 前束调整不到位

2. 后轮(驱动轮)吃胎

由于各种公差的累积,造成车架两侧的轴距不等,如图2-41所示。

单元二　汽车底盘故障案例分析

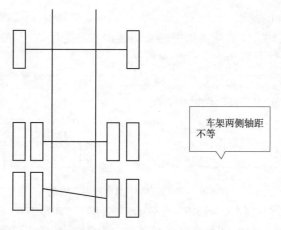

图 2-41　车架两侧的轴距不等

3. 前、后轮吃胎的共性原因

轮胎或钢圈本身的质量问题，造成了轮胎严重椭圆，如图 2-42 所示，轮胎滚动时与地面接触受力不均匀，加速磨损。

图 2-42　轮胎严重椭圆

理想情况下轮胎与地面仅存在滚动摩擦，但由于轮胎或钢圈本身的质量问题，或紧固螺母、板簧骑马螺栓松动等造成轮胎不能够直线向前滚动，而是出现了左右摆动现象，如图 2-43所示，使轮胎与地面产生滑动摩擦，加速磨损。

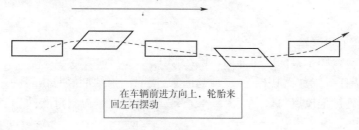

图 2-43　左右摆动现象

五、重型载货汽车轮胎的检查和调整方法

注意：以下列举的检查和调整方法，是为了方便长途重型载货汽车驾驶员应急使用需要，均采用了简单工具，如果有专门工具，还应按照《维修手册》要求使用专业工具检查调整。

1. 直行定位的检查和调整

转向盘回位，使转向机回到零位，并保持方向机在零位直到整个调整结束。

注意：若转向机在零位而转向盘并没有完全回位，表明转向盘不正，在整个调整结束后应再调正转向盘。转向机正确回零的标志是转向机输出轴和转向机外壳上的刻度标志对

117

齐,外壳上的标志是三个凸起的中间那个。

利用千斤顶顶起前轴,使前胎离地能够自由转动。在轮胎前部任选一点,为了准确标记该点,打一个"×"号,"×"号的交点作为测量点。

测量该点到板簧的距离,记录数值 A;将轮胎转动180°,使测量点转到后方,再测量该点到板簧的距离,记录数值 B,如图2-44所示。

图2-44 测量该点到板簧的距离 A 和 B

若 $|A-B|\geqq 2mm$,误差较大,表明前轮不正,需要调整,调整方法如下:

拆下转向拉杆和转向机摇臂的花键螺母连接,调整轮胎位置,如图2-45所示,再次测量 A 和 B 的值,直到 $A=B$,然后松开转向拉杆两端的卡箍,转动球头,调整拉杆的长度,再将拉杆装配到摇臂上,此时为保证下面的打紧操作不使轮胎再次产生摆动,应落下千斤顶,使轮胎着地,再打紧拉杆和摇臂的连接,并打紧卡箍。此时,轮胎已经调整到了直行位置。

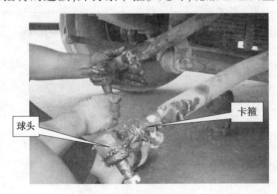

图2-45 调整轮胎位置

2. 前束的检查和调整

注意:前束检查和调整前应保证前轮已经调正。

使前轮处于直行位置,利用千斤顶顶起前轴,使前胎离地能够自由转动。在轮胎前部任选一点,为了准确标记该点,打一个"×"号,"×"号的交点作为测量点,如图2-46所示。

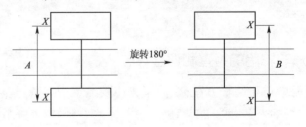

图2-46 车轮打"×"号标记

测量两个前轮上该点的距离,记录数值 A,如图2-47所示;将轮胎转动180°,使测量点转到后方,再测量该测量点距离,记录数值 B,如图2-48所示。

$B-A$ 的值即为前束值,若不符合标准要求,需要调整,调整方法如下。

图 2-47 第一次测量前束 A 值

图 2-48 转动车轮 180°再次测量前束 B 值

拆下前轴转向横拉杆上的一端球头与前轴的花键螺母连接,使右前胎可以自由摆动。调整右前轮,再次测量 A 和 B,直到 B-A 符合标准要求,调整完毕后,松开转向横拉杆的卡箍,转动球头,调整横拉杆长度,松装到前轴上,为保证后面的打紧操作不再次对前轮位置产生影响,应落下千斤顶,使前轮着地,再打紧横拉杆球头和前轴的花键螺母连接,并打紧卡箍螺栓。

3. 轴距的检查和调整

以 6X4 车型为例。在前轮、中轮、后轮上左右对称位置各选择 1 个测量点如图 2-49 所示,然后按图 2-50 和图 2-51 两次测量得到数据 A、B、C、D。

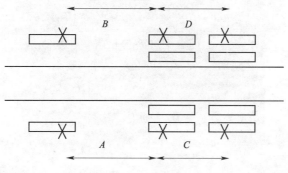

图 2-49 做标记

图 2-50 测量前轮和中轮距离

图 2-51 再次测量前轮和中轮距离

测量结果分析:

如果 $A \neq B$,表明左右两侧两个中轮到后板簧中心距离不等,需要调整。

如果 $C \neq D$,表明左右两侧两个后轮到后半黄中心距离不等,需要调整。

以 $C > D$ 为例说明调整方法:选择到后板簧中心距离短的一侧,即车辆右侧(D),松开下推力杆与后桥上推力杆支座的连接,根据实际情况,加装 1-2 个 2mm 厚的垫圈如图 2-52 所示,使右侧的轮胎向后发生位移,D 增大,可使 $C \approx D$,最后打紧下推力杆和推力杆支座的连接螺栓。

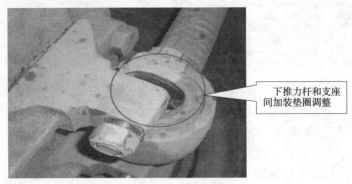

图 2-52　加垫圈调整

4. 轮胎跳动和摆动的检查和调整

使用测量工具为底座上加一个标杆,如图 2-53 所示,由于工具较为简单,可自制。

图 2-53　安装测量器具测量跳动量

跳动检查方法如下:使用千斤顶将某桥顶起,使轮胎可自由转动。将工具放到轮胎胎面一侧,转动轮胎,找到轮胎上离顶杆最近的一点,如图 2-54 所示,使顶杆顶到该点上,固定该工具不动;转动轮胎找到轮胎上离顶杆最远的一点,如图 2-55 所示,测量顶杆到该点的距离,即为轮胎的跳动量(图 2-56)。

图 2-54　转动轮胎找到最近点

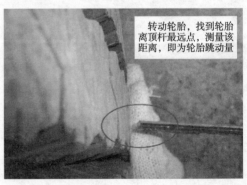

图 2-55　转动轮胎找到最远点

图 2-56 轮胎跳动量检查

摆动量的测量与跳动量的测量类似,如图 2-57 所示,只是要将顶杆放在轮胎一侧的端面测量。

图 2-57 轮胎摆动量检查

若跳动量或摆动量大于 2mm,在排除连接螺母、板簧骑马螺栓等部件连接紧固没用松动的前提下,轮胎或者钢圈存在质量问题,更换调整即可。

快速检验是否还吃胎的方法。完成调整后,需检查是否还吃胎,简单方法如下。

将轮胎表面均匀喷涂自喷漆或刷汽车面漆,如图 2-58 所示。漆干后,选择平整干燥路面进行路试,行驶距离在 2km 以上,停车观察喷漆,若喷漆磨损均匀,特别是空载状态下轮胎外侧边缘基本不掉漆,表明轮胎已经不再吃胎。

图 2-58 轮胎表面均匀喷涂自喷漆

注意:轮胎的气压,规定在 8.6bar,根据中国用户的实际使用情况,一般在 11bar 左右即可满足使用要求,但大多数车辆处于超载的需要实际充气后气压都达到 13bar 以上,致使胎冠鼓起,车辆空载时,轮胎的两个外侧不接触地面,重载时,胎冠被压下,轮胎外侧与地面时而接触时而不接触,不能形成滚动摩擦,造成了"蹭边"现象,也在一定程度上对轮胎外侧造成了快速磨损,造成轮胎内外两侧都吃胎。这个问题应当引起重型载货汽车驾驶员的注意。

复习与思考题

一、简答题

1. 全尺寸备胎和非全尺寸备胎各是什么?
2. 汽车轮胎气压对轮胎有什么影响?

二、单选题

1. 重型汽车轮胎吃胎,一般多是由于轮胎制造瑕疵或者轮胎(　　)而导致的。
   A. 气压过小　　　　　　　　B. 气压过大
   C. 磨损较大　　　　　　　　D. 磨损异常
2. 轮胎按车种分类,其中 OTR 表示(　　)。
   A. 工程车轮胎　　　　　　　B. 轻型载货汽车轮胎
   C. 工业用车轮胎　　　　　　D. 轿车轮胎
3. 轮胎:195/65 R15 88H,其中"H"表示(　　)。
   A. 胎宽　　　　　　　　　　B. 轮毂直径
   C. 速度系数　　　　　　　　D. 载重系数

三、多选题

汽车轮胎的花纹分类有(　　)。
A. 条形花纹　　　　　　　　B. 混合花纹轮胎
C. 横向花纹轮胎　　　　　　D. 越野花纹轮胎

四、判断题

1. 零压轮胎在遭到刺扎后,不会漏气,能够保持行驶轮廓,胎圈也能一直固定在轮辋上,从而保证汽车能够长时间稳定行驶至维修站。(　　)
2. 一般情况下,超载 20% 则轮胎寿命减少 30%,超载 40% 则轮胎寿命减少 50%。(　　)

单元三
汽车车身电气及附属电气设备故障案例分析

案例1 手动空调系统无低速风的故障案例分析

一、车型故障资料

一辆桑塔纳2000型GSI 1.8L轿车,行驶12万km,使用期6年,驾驶员反映空调开机后,风速控制开关在低挡和中速挡都没有反映,只有在第4挡有风,即只有强风,没有中速和低速风。北方夏季气候早晨比较凉爽,但在市区驾驶汽车,早晨不开空调还是感觉有点闷热,且道路车辆较多,行驶速度都不高,汽车排出的尾气使车辆周围空气质量很差,此时摇上玻璃窗,打开空调吹低速风比较适宜。该车驾驶员反映,早晨不开空调很难受,开了空调又是强风,吹得人头疼。于是进修理厂检修。

二、汽车空调系统简介

汽车空调系统是实现对车厢内空气进行制冷、加热、换气和空气净化的装置。它可以为乘车人员提供舒适的乘车环境,降低驾驶员的疲劳强度,提高行车安全。空调装置是汽车车身舒适系统的重要组成部分,已成为衡量汽车功能是否齐全的标志之一,也是必配的车辆装备。

1. 汽车空调系统的功能

为了使驾驶员及乘客感到舒适,现代汽车空调有以下4种功能。

(1)空调器能控制车厢内的气温,既能加热空气,也能冷却空气,以便把车厢内温度控制在舒适的水平;

(2)空调器能够排出空气中的湿气,干燥空气吸收人体汗液,形成更为舒适的驾驶舱环境;

(3)空调器可吸入新风,具有通风换气功能;

(4)空调器可过滤空气,排除空气中的灰尘和花粉颗粒。

2. 汽车空调系统的类型

(1)按驱动方式分。独立式空调,专用一台发动机驱动压缩机,制冷量大,工作稳定,但成本高,体积及质量大,多用于大、中型客车。非独立式空调,空调压缩机由汽车发动机驱动,制冷性能受发动机工作影响较大,稳定性差,多用于小型客车和轿车。

(2)按空调性能分。单一功能型空调,将制冷、供暖、通风系统各自安装、单独操作,互不干涉,多用于大型客车和载货汽车上。冷暖一体式空调,制冷、供暖、通风共用鼓风机和风道,在同一控制板上进行控制,工作时可分为冷暖风分别工作的组合式和冷暖风可同时工作的混合调温式,轿车多用混合调温式。

(3)按控制方式分。手动式空调,拨动控制板上的功能键对温度、风速、风向进行控制。电控气动调节空调,利用真空控制机构,当选好空调功能键时,就能在预定温度内自动控制温度和风量。电控自动调节空调,通过对包括车内温度、风速和空气清洁度等参数的控制,提高车内环境舒适度。

(4)按自动控制方式分。全自动调节空调,利用计算比较电路,通过传感器信号及预调信号控制调节机构工作,自动调节温度和风量。微机控制的全自动调节空调,以微机为控制中心,实现对车内空气环境进行全方位、多功能的最佳控制和调节。

3. 汽车空调系统的布置

不同类型空调系统的布置方式有所不同。轿车广泛采用的是冷暖一体式空调系统,其布置形式是将蒸发器、暖风散热器、离心式鼓风机、操纵机构等组装在一起,称为空调器总成。轿车空调系统布置图如图3-1所示。

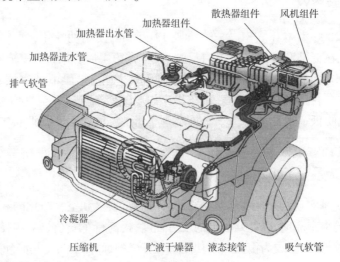

图3-1 轿车空调系统布置图

旅行车空调系统布置图如图3-2所示。

图3-2 旅行车空调系统布置图

4. 汽车空调系统的组成

现代空调系统由制冷系统、供暖系统、通风和空气净化装置及控制系统组成,汽车空调系统组成如图3-3所示。

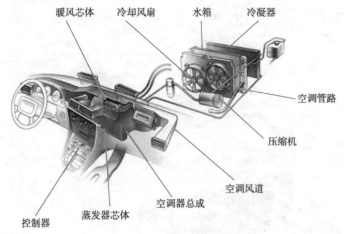

图3-3　汽车空调系统组成图

汽车空调控制器,属于一种汽车空调设备的控制装置。调节汽车空调系统,具有制冷通风换气、除霜功能。所有设备安装牢固,控制装置和操纵机构转动灵活,操作自如,性能安全可靠。

汽车空调系统通过空调控制面板进行控制,空调控制面板如图3-4所示。

图3-4　空调控制面板图

三、根据空调系统结构原理和故障现象,应考虑的主要因素

桑塔纳2000型轿车空调系统结构较为简单,为常见的手动控制型空调系统,其结构组成如图3-5所示。

桑塔纳2000系列轿车空调装置可按其功能分为制冷系统、暖风系统、通风系统、控制系统和空气净化系统五个基本组成部分。

(1) 制冷系统。采用蒸气压缩式的制冷原理,对车室内的空气进行冷却。作为冷源的蒸发器,其温度低于空气的露点温度,因此,制冷系统还有除湿和净化空气的作用。

(2) 暖风系统。采用温水式加热装置,将发动机冷却液引入车室内的加热器,通过鼓风机对室内空气进行加热,同时还可以对前风窗玻璃进行除霜和除雾。

(3) 通风系统。离心式鼓风机除用来对车室内空气进行降温和加热外,还用来对车室进行换气通风。通风系统由空气过滤器、进风口、风道和出风口等组成。通风系统将车外新鲜空气引入车室,通风排气口将车室内污浊空气抽出车外。

(4)控制系统。控制系统主要由电气元件、真空管和操纵机构组成。一方面用以对制冷和暖风系统的温度、压力进行控制,另一方面对车室内空气的温度、风量及出风方向进行控制。

(5)空气净化系统。空气净化系统主要是灰尘过滤器,用以对引入的车外空气进行过滤,不断排出车室内产生的污浊气体,使车室内空气清洁卫生。

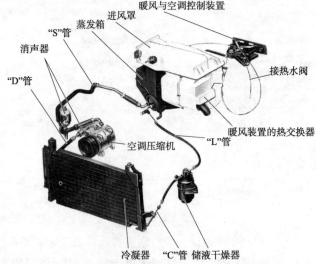

图 3-5 桑塔纳 2000 型轿车空调系统结构

桑塔纳 2000 系列轿车空调器结构属于再热混合式的空气调节形式。鼓风机通过通道及风门吸进车内循环空气或车外新鲜空气,然后进入热交换器。根据蒸发器和热交换器的不同工作状态,可以得到所要求的空气温度。通过控制风门处于不同的位置,经各个不同的风道、分别从仪表板上的各个出风口吹出,用于车室内温度的调节和去除风窗玻璃的霜和雾。

现空调系统其他部分都工作正常,只是调制风速部分出了故障,因此凭直觉判断,故障原因应该在电气控制部分。

四、初步诊断分析

桑塔纳 2000 系列轿车空调装置的控制系统包括电气控制、真空控制以及操纵机构三部分组成。其鼓风机的工作由鼓风机开关控制,开关内有一个串联电阻,通过改变这个电阻的联接方式,可以使鼓风机获得 4 种不同的转速。风机电阻的结构外形如图 3-6 所示,空调装置控制电路如图 3-7 所示。

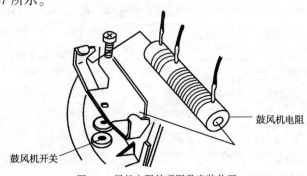

图 3-6 风机电阻外观图及安装位置

单元三 汽车车身电气及附属电气设备故障案例分析

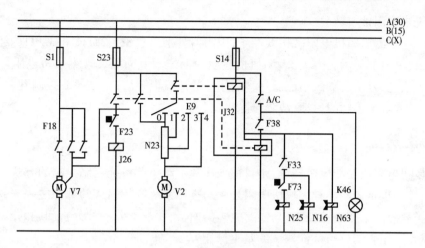

图 3-7 空调装置控制电路

E9-鼓风机开关；F18-冷却风扇热敏开关；F23-高压开关；F33-蒸发器温控开关；F38-环境温度开关；F73-低压开关；A/C-空调开关；J26-冷却风扇继电器；J32-空调继电器；K46-空调指示灯；N16-怠速截止电磁阀；N23-串联电阻；N25-压缩机电磁离合器；N63-新鲜空气电磁阀；S1、S14、S23-熔丝；V2-鼓风机；V7-冷却风扇

鼓风机控制开关是一个五位的旋钮，可以控制鼓风机实现4种不同的转速和停机。现只有将鼓风机开关置于4挡鼓风机才工作，故障原因应该出在鼓风机控制开关或风机电阻上。应从开关试验和风机电阻测试入手。

五、进一步诊断分析与故障排除

风机电阻是一个有三组线圈串联的大电阻，其外形结构与安装位置见图3-8，风机电阻有三个接线端子与鼓风机控制开关相连接，从图3-7上我们可以看到：E9是鼓风机控制开关，N23是风机电阻。鼓风机控制开关在0位时，电流需要通过三组线圈，此时电阻最大，电流最小，因此鼓风机旋转最慢；在1位时，电流需要通过两组组线圈；在4位时，开关直接与鼓风机电机接通，此时鼓风机旋转最快，风力最大。根据上述结构与工作原理，进行开关试验和风机电阻测试。

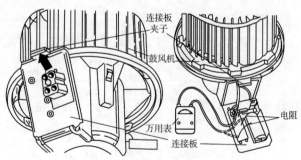

图 3-8 风机电阻的结构外形图

1. 开关试验

鼓风机控制开关是一个有五个针脚的线束插座，开关处于关闭位置时，火线输入端与其余4个针脚都不接通；处于0位时，与0位接通，处于4位时，与4位接通。使用万用表测试各个位置时的状态，测试通过，表明鼓风机控制开关没有故障。

2. 风机电阻测试

使用万用表测试风机电阻各接线端子，电阻值分别为 0.8Ω；2.1Ω 和 3.9Ω。经测试，无论怎么测量，电阻都显示无穷大，表明风机电阻内部线圈有断路。观察风机电阻外观，表皮有明显烧蚀痕迹，万用表测试不能通过。换用新的风机电阻后，将鼓风机控制开关置于不同位置，出风口便吹出不同的风速，故障排除。

六、综合分析

使用风机电阻控制鼓风机转速，是目前大多数手动空调系统控制风速的方式，其工作原理都一样，结构也是大同小异。风机电阻是手动空调系统容易损坏的部件之一，各种车型都能遇到这类故障。本案例比较简单，没有太多的曲折，要求掌握一种分析问题的基本思路以及电路分析、万用表测试与部件测试的基本操作方法。

七、故障再现

使用手动空调故障实验台或整车排故实训系统（带手动空调装置）：
（1）设置"风机电阻2速故障"，鼓风机只有低速风和高速风，没有2速风。
（2）设置"风机电阻高速故障"按钮，鼓风机只有低速和中速风，没有高速风。
实习指导教师按照本案例介绍的内容和诊断方法，组织学生开展实习实训，故障分析方法与检修流程与本案例相似。上述手动空调实验台或故障整车应当配备测试台或测试面板，测试面板绘制电路图，电路图上安装测试端子，使教师演示示范和学生实操联系可以在测试面板上的测试端子上直接进行测量。

复习与思考题

一、简答题

1. 现代空调的功能有哪些？
2. 试述桑塔纳2000系列轿车的空调装置由哪几部分组成及各部分的功能？

二、单选题

1. 桑塔纳2000的鼓风机控制开关是一个有五个针脚的线束插座，开关处于关闭位置时，火线输入端与（　　）接通。
   A. 0位　　　　　　　　　　B. 1位
   C. 4位　　　　　　　　　　D. 都不接通
2. 轿车广泛采用的是（　　）空调系统，其布置形式是将蒸发器、暖风散热器、离心式鼓风机、操纵机构等组装在一起，称为空调器总成。
   A. 单一功能型　　　　　　　B. 全自动调节式
   C. 冷暖一体式　　　　　　　D. 独立式

三、判断题

1. 汽车空调系统是实现对车厢内空气进行制冷、换气和空气净化的装置。（　　）
2. 用万用表测试电阻时，电阻显示无穷大，表明电阻内部线圈有短路。（　　）

案例2　自动空调系统无法换风的故障案例分析

一、车型故障资料

一辆一汽宝来1.8L轿车，行驶9万km，使用期3年，驾驶员反映由于前段时间出国旅游，将汽车在车库里放了一周时间，回来后再驾驶汽车时发现自动空调系统不能实现吹挡风玻璃换风。当时正值雨季，前挡风玻璃经常出现水雾，现在不能调控吹向前挡风玻璃的风，视线就不好，驾驶汽车也很不安全。去了一家普通的汽车修理厂检修，维修人员说是自动空调控制器坏了，花了两千多元更换一个新的空调控制单元，又出现整个自动空调系统都不能工作的现象。

二、汽车自动空调系统概述

1. 手动空调与自动空调的区别

手动空调各个风口风速、风向、出风量、温度等是依靠手动机械结构来实现的。所谓自动空调（AUTO），就是在手动空调基础上，增加了控制器、传感器和执行器，使空调系统各个风口风速、风向、出风量、温度等可以根据用户的需要，自动将车内温度保持在给定的温度值上。系统（AC）始终在运转，空调在空调ECU的控制下，不断调整制冷量和风量的大小，以保持车内的温度值。例如将温度设定在25℃时，车内温度降到24℃后，空调控制器会控制空调系统减小制冷量和风速，但不会停止制冷，车内温度始终维持在25℃左右，所以使人感觉比较舒服。手动空调和自动空调的控制面板也是不一样的，如图3-9所示是手动空调控制面板图；图3-10所示是自动空调控制面板图；图3-11是自动空调控制系统图。

图3-9　手动空调控制面板图

1-空气流向分配调节钮；2-空气循环方式调节钮；3-风量调节开关；4-温度调节开关；5-除霜模式开关；6-空调开关

图3-11反映的是在手动空调基础上增加的部件，才称之为"自动空调"。除此之外，空调控制单元J255还通过CAN总线参与到整车舒适系统工作，并接收来自动力总线的车速信号，以便调整车辆在高速、低速和停车状态下，空调系统的最佳工作状态。有些车型还参考发动机冷却液温度信号。

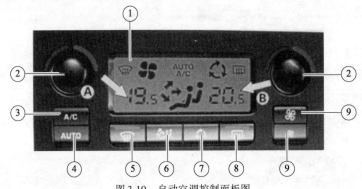

图 3-10　自动空调控制面板图

1-显示屏;2-温度调节开关;3-空调开关;4-自动调节开关;5-前部除霜模式按键;6-送风模式按键;7-内/外循环模式切换按键;8-后部除霜模式按键;9-送风量控制开关

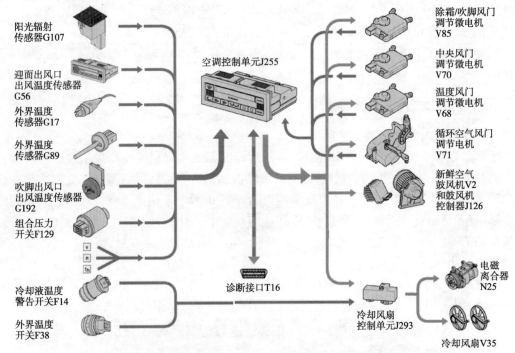

图 3-11　自动空调控制系统图

自动空调的制冷剂循环系统与手动空调系统相同,都是由压缩机总成、空调器总成(包括膨胀阀)、冷凝器总成通过管路连接为一封闭的循环系统,所不同的只是空调系统的控制部分。控制部分由空调控制器、传感器和执行器组成。由于大众奥迪车型故障码及数据流资源丰富,资料也公开,为方便教学及学生实践作业,本项目以宝来 Bora A4 为主,控制器零件号 3B1　907 044C,支持手工操作执行器驱动测试以及自诊断。

2. 汽车自动空调电子控制系统结构组成

汽车自动空调控制系统由传感器、执行器和空调控制器三部分组成。

1) 自动空调主要传感器

如图 3-11 自动空调控制系统图的左半部分,也是自动空调的调节元件,包括开关信号。自动空调系统传感器主要有:阳光强度传感器 G107;仪表板(室内出风口)温度传感器 G56;

脚部出风口出风温度传感器 G192；进气温度传感器 G89；环境温度（室外）传感器 G17；组合压力开关 F129。主要传感器布置如图 3-12 图所示。

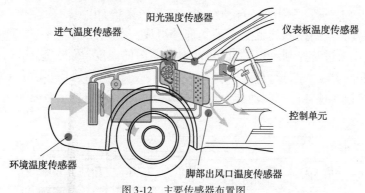

图 3-12　主要传感器布置图

2）自动空调主要执行器

图 3-11 自动空调控制系统图的右半部分，也是自动空调的控制执行元件，包括冷却风扇控制。自动空调系统执行器主要有：除霜/吹脚风门调节电机 V85；中央风门调节电机 V70；温度风门调节电机 V68；滞流风门和新鲜空气-/循环空气风门调节电机 V71；新鲜空气鼓风机 V2 和鼓风机控制器 J126；空调压缩机电磁离合器 N25。

风门调节电机包括除霜/吹脚风门调节电机 V85、中央风门调节电机 V70、温度风门调节电机 V68、滞流风门和新鲜空气/循环空气风门调节电机 V71，风门调节电机安装位置如图 3-13 所示。

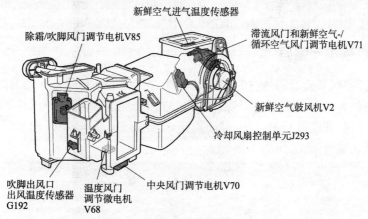

图 3-13　风门调节电机安装位置图

3）自动空调控制器

控制器利用传感器（如车速、温度、日照强度、水温等）对汽车发动机的运行状况、车内、外的气候条件、空调的送风模式等多种参数进行实时监测，运行内部程序对实时参数、设定参数进行运算判断，然后发送相应的控制信号给鼓风机、压缩机电磁离合器等执行器工作，实现对车内环境温度的实时调节。控制系统还具备有自我诊断、保护等功能。

控制器的输入信号包括传感器信号、驾驶员设定温度值、风门电位计信号、发动机温度信号、发动机加速信号、发动机转速信号。控制器的输出信号包括：电磁离合器控制信号、风门电机控制信号、鼓风机控制信号、冷凝器风扇控制信号、发动机节气门控制信号（只在气候炎热且怠速工况下，通过 CAN 总线传递）。

三、根据空调系统结构原理和故障现象，应考虑的因素

一汽宝来 1.8L 轿车采用的是自动空调——暖风系统，由制冷装置、通风装置、暖风装置、空气净化装置和空调控制装置五个基本部分组成。空调控制装置一方面能对制冷和暖风装置的温度、压力进行控制；另一方面还能对车厢内的温度、风向、流量进行控制，根据设置的温度与车厢内温度的差异，自动控制鼓风机的转速、风量与风向；还可以使用手动控制，控制面板上的按钮实现各种控制功能。自动空调控制器面板与显示单元如图 3-14 所示。

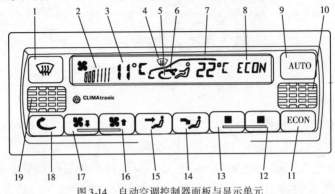

图 3-14 自动空调控制器面板与显示单元

1-"风挡玻璃除霜"按钮；2-鼓风机风速显示；3-环境温度显示；4-风挡玻璃；5-空气再循环显示；6-气流方向显示；7-显示或选择内部温度；8-操作模式显示；9-"自动操作"按钮；10-仪表板温度传感器—G56 和鼓风机温度传感器—V42；11-"ECON"按钮；12-"加热"按钮；13-"制冷"按钮；14-"脚窝出风"按钮；15-"上部出风"按钮；16-"鼓风机调高速"按钮；17-按钮；18-"新鲜空气/空气再循环"按钮；19-仪表温度传感器和鼓风机温度传感器—V42

四、空调控制单元编码

新买的空调控制单元编码是空的，显示 00000 五个零，宝来自动空调编码有两种，一种是日本车型，编码为 01100；另一种是除日本以外其他国家车型，编码为 01000。连接故障诊断仪至诊断接口，打开点火开关，发现空调控制单元编码为五个零，并记录了 01044 号故障码，表示控制单元编码错误，如图 3-15 所示。

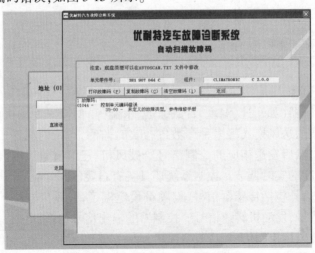

图 3-15 新买的空调控制单元编码

重新对空调控制单元进行编码操作步骤如下。

（1）点击软件"重新编码"按钮，进入编码，将"控制单元编码(0-32767)"输入栏00000修改为01000，点"执行"按钮，如图3-16所示。

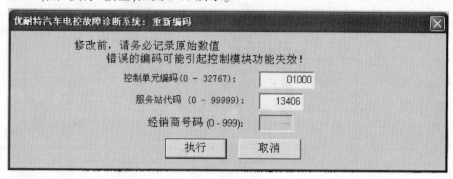

图3-16　重新编码软件界面

（2）进行"基本设定"操作。

（3）进入故障代码诊断。

由于目前车型与车载控制单元都比较多，而同一控制单元可能可以装配在不同的车型上，对于大众车系控制器的编码，如发动机控制单元、气囊控制单元、ABS控制单元、自动变速器控制单元等，在不知道正确码的情况下，可以通过查找资料的方式获取正确编码，还可以把原来有故障的控制单元装回到车上，进入控制器读取并记录愿配的编码，与控制单元零件号在同一个界面。即使控制单元损坏了，但绝大部分情况下控制器零件号、编码等数据还是可以读到的。表3-1是大众奥迪常用控制单元编码表。

重新对空调控制单元编码以后，进入故障代码诊断，读到01272号故障码，表示"中央空气翻板电机V70故障或有缺陷"，诊断界面如图3-17所示。

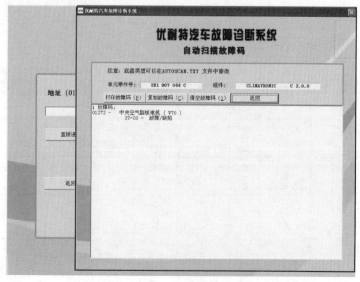

图3-17　自动空调系统故障码诊断

清除故障码以后，进入执行器诊断测试，进一步验证故障是否真实存在。执行元件测试条件如下。

大众奥迪常用控制单元编码表

表 3-1

系统\车型	Passat				俊杰	时超超人	普通桑塔纳	Polo		Bora A4						AUDI A6	Jetta	
	GLI	GSI	1.8T	V6 2.8L						1.6L		1.8L		1.8T			两阀	五阀
								手动	自动	手动	自动	手动	自动	手动	自动			
发动机	04001	04031	04051	08051	08031	08001/04001	08001	00071	00073	012025/13313	012025/13313	04500/26500	04530/26500	04500/26530	04530/26530	04502/04002/06252	00001	04000
自动变速器			00113	00113							00000		00000		00000			
防滑制动	03604	03604			02802	04505/02802/01901	01901/04505	01097		012025/13313	012025/13313	012025/13313	012025/13313	012025/21505	012025/21505	00022/00021/06169	01901	03604
空调暖风		02000						不需编		01000/01100	01000/01100	01000/01100	01000/01100	01000/01100	01000/01100			
安全气囊	22599			12364/22599/12359/13864	12878				22602	12622/12874/12875	12622/12874/12875	12622/12874/12875	12622/12874/12875	12622/12874/12875	12622/12874/12875	00204(超豪华)/00004(基本)/00104(豪华)	12611	00065
仪表板(防盗)	00145	05145	05125	07125				00141	00143	01102	01102	01102	05102	05122	05122	00144/07262		
Can	00004	00004	00004	00004				00014	00015									
中控锁																04683		
车门监视										00006/00007	00006/00007	00006/00007	00006/00007	00006/00007	00006/00007			

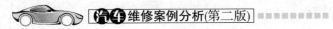

(1)关闭发动机,打开点火开关并关闭自动空调。
(2)环境温度不能低于12℃。
(3)进行执行元件诊断,如果有必要,可重复进行多次(图3-18)。

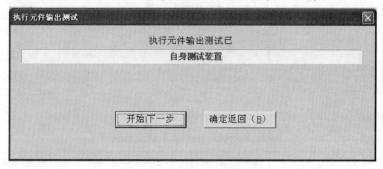

图3-18 执行元件测试图

在进入执行器诊断测试时,下列检测将被自动执行。
(1)控制与显示单元 E87。
(2)依次测试四个由空调电脑控制的翻板位置电机,脚部/除霜翻板电机 V85;温度翻板电机 V68;中央空气翻板电机 V70;新鲜空气翻板电机 V71。
(3)测试新鲜空气鼓风机 V2 电路。
(4)测试压缩机电磁离合器 N25 电路。
(5)对全部传感器进行自动检测。

五、初步诊断分析与数据流分析

1. 初步诊断分析

经过"执行元件检测",被清除的 01272 号故障码又出现了,表明这是一个硬故障,与驾驶员报修的"自动空调系统不能实现吹挡风玻璃换风"的故障现象相吻合。证实了中央空气翻板电机 V70 确实有故障或有缺陷。

由此可见,大众车系的"执行元件检测"是一种很好的检测诊断手段,这种测试可以覆盖到所有车载控制单元。一般电喷车在打开点火开关的同时,都会自动扫描各个控制器是否存在问题,大众车系也具备这种功能,但是大众车系又具备"执行元件检测"的功能,将这种扫描功能进一步具体化、细致化,成为执行器与传感器自动检测的一种非常有效、又方便快捷的检测手段。在汽车维修企业中,许多技术人员不了解这种功能,因此,错过了快速、准确、有效地判断故障的机会。这种检测应该成为车辆一般检查和车辆一级维护的必做项目。

中央空气翻板电机 V70 安装在鼓风机附近,下一步应对电机进行部件测试,以确定是电机本身故障,还是连接线路有断路、短路故障。根据故障诊断的原则与方法,采集到的数据越多,故障诊断也就越准确,越接近事实。在进行部件测试之前,还有一种方法可以检查获取故障类别与故障细节方面的情况,那就是数据流分析。大众车系自动空调系统提供 10 组 40 个动态数据可供分析,丰富的测试数据资源,为故障诊断的准确性、科学性与合理性提供了充足的保障。进入数据流分析界面,在 03 通道中央空气翻板电机 V70 数据界面得到如图 3-19 所示数据。中央空气翻板电机标准数据流与说明见表 3-2。

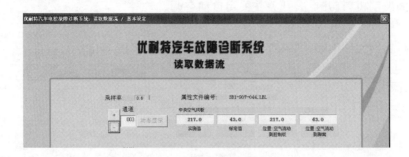

图 3-19　读取数据

中央空气翻板电机标准数据流与说明　　　　　　　　　　　　　　　　表 3-2

通道号	显示组号	部件名称	显示内容	显示说明
003 通道	1	中央空气翻板电机	0 – 255	电位计实际反馈值,允许误差 ±2
	2	中央空气翻板电机	0 – 255	电位计标定值
	3	中央空气翻板电机 V70 中央翻板处于仪表板通风位置	0 – 149	V70 损坏
			150 – 250	V70 正常,基本设定完成
			251 – 255	V70 损坏
	4	中央空气翻板电机 V70 中央翻板关闭	0 – 4	V70 损坏
			5 – 100	V70 正常,基本设定完成
			101 – 255	V70 损坏

2. 数据流分析

在 03 通道 1、2、3、4 组数据值分别是:217.0、43.0、217.0、43.0,显示数据都在标准数据范围内,表明中央空气翻板电机 V70 没有故障,而空调控制单元又是新换的,那么问题一定出在导线、接头或插接器上,下一步应该进行导线测试。导线测试前首先要分析电路,明确中央空气翻板电机各线束与控制器、电源与接地之间的连接关系、位置关系和工作关系,确定使用万用表测试的具体部位,分析测试结果并修复故障。

[课堂讨论]

结合上述数据分析的结论,讨论数据流分析还有什么优点?

六、确认故障点并排除故障

1. 电路分析

中央空气翻板电机电路比较简单,共有两条线分别与空调控制单元 B20/12 和 B20/4 连接,中间有一个转接器,如图 3-20 所示。这两条线都是火线也都是地线,控制电机实现正、反转,进而实现中央空气翻板的动作。

2. 万用表测试及结果分析

根据上述电路分析,故障应该就在这两条线或线束转接器上,有短路、断路或者插接器接触不良。使用万用表测试线束的导通性,可以检查驱动信号的传递情况。经过测试,发现空调控制单元 B20/12 到电机的线束电阻为 ∞,表明线束不通。检查断点并恢复电路畅通。

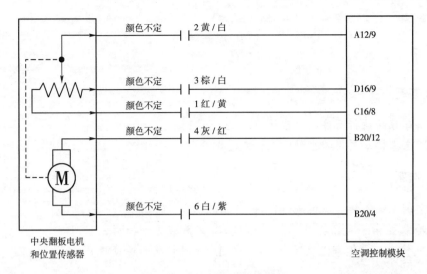

图 3-20 中央空气翻板电机电路图

3. 故障的排除

卸下仪表台总成,拆开鼓风机罩板,发现鼓风机箱内有许多破布和棉絮,显然是老鼠曾经在这里面安过家。再检查中央空气翻板电机线束,发现电机电源线被老鼠咬断了,其他线束也有被老鼠啃咬的痕迹,修复咬断的中央空气翻板电机电源线,并使用胶带缠绕其他被啃咬的线束外皮,启动空调系统工作并进行换风试验,故障彻底消除。

七、综合分析

中央空气翻板电机(执行器)位于加热器箱前部、鼓风机附近,用来分配气流到仪表板风口或脚部/除霜排气口。电机内有一个指示气流分配翻板位置的电位计,把翻板位置反馈给空调控制单元。电机的线圈电阻在 60~100Ω 之间。

这个故障其实并不复杂,诊断过程也比较简单,但是它包含了控制器编码、执行器基本设定、执行元件诊断与驱动试验、数据流分析、电路分析以及万用表测试分析等内容,而目前报纸杂志登载的案例以发动机电控系统居多,较少有介绍自动空调系统故障案例分析的,因此本案例还是具有很好的教学意义。

八、故障再现

使用自动空调实验系统或汽车整车排故实训系统(带自动空调车型)。

(1)自动空调实验系统可实现数十种不同类型的故障,在故障设置面板,拨动中央空气翻板电机电源故障设置按钮,可实现与本案例一样的故障。指导学生按本案例分析思路与检修方法完成实验并填写《诊断报告》。

(2)拨动中央空气翻板电机地线故障设置按钮,可实现与本案例类似的故障,故障现象一致,但故障点不同。指导学生按本案例分析思路与检修方法完成实验并填写《诊断报告》。

(3)使用故障诊断仪进入控制器编码界面,修改原编码,出现空调控制单元不工作的故障,记录 01044 号控制单元编码错误的故障码。指导学生按本案例编码操作方法重新编码、基本设定和清除故障码并填写《实验报告》。

复习与思考题

一、简答题

1. 大众车系的执行元件测试条件有哪些？
2. 一汽宝来轿车采用的自动空调由哪几部分组成？

二、单选题

自动空调系统不能实现换风，问题一般出在(　　)。
A. 制冷装置和通风装置　　　　B. 通风装置和控制装置
C. 暖风装置和空气净化装置　　D. 通风装置和暖风装置

三、多选题

以下属于宝来自动空调编码的有(　　)。
A. 00000　　B. 01000　　C. 01100　　D. 01010

四、判断题

1. 空调控制装置能对车厢内的温度、风向、流量进行控制。(　　)
2. 大众车系自动空调系统更换了新的空调控制单元后，必须对新的空调控制单元进行执行元件诊断，否则，空调系统不能工作。(　　)

案例3　气囊电路搭铁致气囊报警灯常亮的故障案例分析

一、车型故障资料

一辆大众CC轿车，行驶里程约5万km。该车中央仪表板上的安全气囊故障指示灯点亮，如图3-21所示。

图3-21　大众CC轿车安全气囊故障指示灯报警

大众CC是一汽大众旗下一款运动型轿车，它将轿车的灵活稳定性与跑车的超强灵敏度结合，在中高端用户有一定的市场。轮胎采用了米其林PS3系列，尺寸为235/45 R17，其运动性能优秀。它采用4门无框设计,内饰具有明显运动风格,延续了大众汽车高档商务轿车系列车型的风格。此外,大众CC还配备了许多高科技配置,为驾乘者提供方便舒适的驾乘体验,如装备ACC自适应巡航、Front Assist预碰撞安全系统、Lane Assist车道保持系统、Park Assist智能泊车辅助系统、Rear Assist后视影像系统、EPS电动随速助力转向、双放大系数真空刹车助力器、EPB电子驻车制动、Auto Hold功能和定速巡航。一汽大众国产CC于2010年7月15日上市,搭载2.0TSI发动机,并匹配6速DSG双离合变速器。

二、大众CC轿车乘员保护设施及配备

(1)驾驶员和副驾驶员安全气囊;
(2)带有安全带报警功能的驾驶员和副驾驶员侧安全带锁;
(3)侧面安全气囊,后排为选装件;
(4)前车门有两个侧面碰撞识别压力传感器;
(5)头部安全气囊;
(6)在安全气囊控制单元中,有两个车辆纵向加速度传感器,一个车辆横向加速度传感器;
(7)在C柱区域内,有两个侧面碰撞识别加速度传感器。

大众CC轿车整车安全气囊及气帘安装布置如图3-22所示。

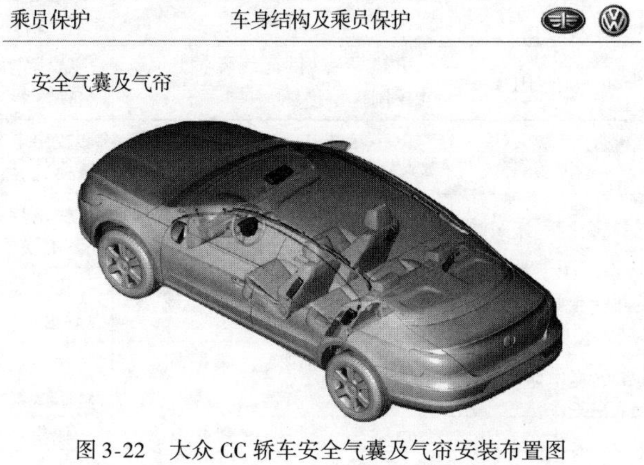

图3-22 大众CC轿车安全气囊及气帘安装布置图

三、初步检查分析

根据"代码优先"的原则,既然气囊故障灯点亮,应当首先检查故障代码。使用故障诊断仪VAS5051B进行故障查询,结果查到乘客侧侧面窗帘式安全气囊引爆装置N252有故障,故障码为01589 007,故障性质是静态状态下对地短路。再使用VAS5051B诊断仪进行故障码清除操作,结果是故障码无法被清除掉,表明该故障为硬故障。诊断仪读到的相关故障信息如图3-23所示。

断开蓄电池负极停顿5min,然后重新接上蓄电池负极,此时再用VAS5051B诊断仪查询故障,又显示为偶发性故障,故障代码也可清除;但是关闭点火开关再重新打开时,故障又再一次出现:"乘客侧侧窗帘式安全气囊引爆装置-N252对地短路",如此反复,故障代码无法被彻底清除。

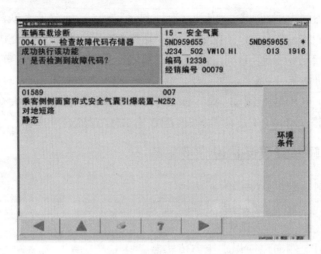

图 3-23　诊断仪读取的相关故障信息

四、故障代码分析

表 3-3 是大众 CC 安全气囊 01588—01589 号故障代码含义、可能原因及维修措施。

大众 CC 安全气囊故障代码含义、原因及维修措施　　　　表 3-3

故障代码	含　义	可能原因	维修措施
01588	驾驶员侧头部气囊电阻大	电路导线损坏；气囊损坏；气囊控制模块损坏	找出电路的断路处并进行维修；更换气囊；更换气囊控制模块
01588	驾驶员侧头部气囊电阻小	电路导线损坏；气囊损坏；气囊控制模块损坏	找出电路的短路处并进行维修；更换气囊；更换气囊控制模块
01588	驾驶员侧头部气囊对电压短路	电路导线损坏；气囊控制模块损坏	找出电路导线损坏处并进行维修；更换气囊控制模块
01588	驾驶员侧头部气囊对地短路	电路导线损坏；气囊损坏；气囊控制模块损坏	找出电路导线损坏处并进行维修；更换气囊；更换气囊控制模块
01589	乘员侧头部气囊电阻大	电路导线损坏；气囊损坏；气囊控制模块损坏	找出电路的断路处并进行维修；更换气囊；更换气囊控制模块
01589	乘员侧头部气囊电阻小	电路导线损坏；气囊损坏；气囊控制模块损坏	找出电路的短路并进行维修；更换气囊；更换气囊控制模块
01589	乘员侧头部气囊对电压短路	电路导线损坏；气囊控制模块损坏	找出电路导线损坏处并进行维修；更换气囊；控制模块
01589	乘员侧头部气囊对地短路	电路导线损坏；气囊损坏；气囊控制模块损坏	找出电路导线损坏处并进行维修；更换气囊；更换气囊控制模块

根据表中 01589 故障代码表及诊断仪提示的故障性质分析，应当属于最后一栏"乘员侧头部气囊对地短路"，即诊断仪显示的"乘客侧侧窗帘式安全气囊引爆装置-N252 对地短路"，其故障原因有：①电路导线损坏；②气囊损坏；③气囊控制模块损坏三种。维修措施是：①找出电路导线损坏处并进行维修；②更换侧窗帘式安全气囊；③更换气囊控制模块。

五、进一步诊断分析及电路测试

大众 CC 乘客侧侧窗帘式安全气囊引爆装置-N252 电路图如图 3-24 所示。

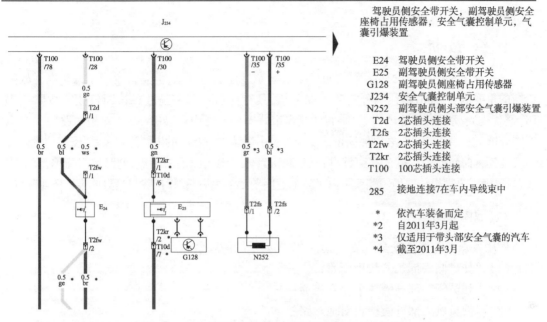

图 3-24 乘客侧侧窗帘式安全气囊引爆装置-N252 电路图

根据诊断仪给出的故障原因是"乘客侧侧窗帘式安全气囊引爆装置-N252 对地短路"，依据维修手册提供的电路图分析，乘客侧侧窗帘式安全气囊引爆装置 N252 到安全气囊控制单元 J234 之间共有两根连接线，遵循"先简后繁"的原则，首先拔下该乘客侧侧窗帘式安全气囊引爆装置电器插头，用万用表对 J234 安全气囊控制器 T100/35 脚及 T100/36 脚到 N252 插头之间的线束分别进行导通性测量，结果是线束导通；再进行对地短路，发现安全气囊 T100/35 脚到 N252 之间的线束有对地短路现象，至此故障原因找到了。

六、故障排除

拆除相关塑料护板，对安全气囊控制单元 J234 及乘客侧侧窗帘式安全气囊引爆装置 N252 之间的线束进行逐段检查，发现该线束在 C 柱位置被压在一个塑料支架下边，拆下塑料支架，取出被压住的线束，发现线束已被压扁，表皮破损且已露出铜线，裸露处与车身搭铁。图 3-25 显示了被压住的线束及线束破损情况。

图 3-25 具体故障点图片

对露出铜线的线束用专用胶带进行包裹处理,重新装复塑料支架及护板,起动车辆,安全气囊故障灯熄灭,故障排除。

七、综合分析

该故障案例严格说没有什么特别的地方,诊断过程也不复杂,但是却说明了汽车电子故障诊断的重要因素,即故障代码分析和电路分析,具有典型性。一是故障诊断仪读取故障代码(代码优先),就很清楚地表明了"乘客侧侧窗帘式安全气囊引爆装置-N252 对地短路";二是电路图分析,进一步明确"乘客侧侧窗帘式安全气囊引爆装置-N252"的电路连接关系、安装位置以及与安全气囊控制单元 J234 的线束针脚;三是确认具体对地短路的故障点,电路也很简单,就 2 根线,只要确定是哪根线对地短路就可以了。上述问题都解决后,故障排除只是具体维修作业问题。

八、故障再现

使用大众 CC、奥迪安全气囊实验台,设置如下故障:
(1)驾驶员侧头部气囊线束断路;
(2)驾驶员侧头部气囊线束相互搭通;
(3)驾驶员侧头部气囊线束对地短路;
(4)乘员侧头部气囊线束断路;
(5)乘员侧头部气囊线束相互搭通;
(6)乘员侧头部气囊线束对地短路等故障,前三个故障会产生 01588 号故障码,后三个故障会产生 01589 号故障码。

指导教师按本故障案例描述的分析检查步骤,指导学生开展实习实训。

注意:本故障案例不适合在实车上开展。请使用安全气囊实验台和已经失效的气囊点火器等系统部件,以防气囊火药意外起爆。

复习与思考题

一、简答题

1. 试述本案例故障维修的主要过程。
2. 出现"乘客侧侧窗帘式安全气囊引爆装置-N252 对地短路"的故障时,其故障原因有哪些?应采取的维修措施有哪些?

二、单选题

汽车故障诊断中,"代码优先"的原则是指(　　)。
A. 先用万用表进行测试
B. 根据经验先检查可能的故障点
C. 先用故障诊断仪读取故障码
D. 先用故障诊断仪读取数据流

三、多选题

1. 下列关于大众 CC 轿车乘员保护设施及配备描述正确的有(   )。
   A. 驾驶员和副驾驶员安全气囊
   B. 前车门有两个侧面碰撞识别压力传感器
   C. 侧面安全气囊,后排为必装件
   D. 在 C 柱区域内,有两个侧面碰撞识别加速度传感器
2. 出现"驾驶员侧头部气囊对电压短路"的故障时,可采取的维修措施有(   )。
   A. 查找电路导线损坏处
   B. 对电路导线损坏处进行维修
   C. 更换气囊
   D. 更换气囊控制模块

四、判断题

1. 大众 CC 轿车的安全气囊控制单元中,有一个车辆纵向加速度传感器,两个车辆横向加速度传感器。   (   )
2. 使用汽车故障诊断仪进行故障码清除操作,结果故障码无法被清除掉,则表明该故障为硬故障。   (   )

案例 4 安全气囊(SRS)典型故障诊断与实训组织

一、安全气囊系统典型故障诊断与实习实训组织

以安全气囊点火器(N95、N131)失效故障的诊断与排查为例。

1. 教学设备和实训器材

(1)汽车电控 SRS 安全气囊教学实训设备一台,大众双气囊系统,带前座安全带预紧装置、碰撞模拟装置。汽车电控 SRS 安全气囊教学实训设备外观参考图如图 3-26 所示。

图 3-26 汽车电控 SRS 安全气囊教学实训设备外观参考图片

（2）面向大众的汽车运用与维修高技能实训公共服务多功能软件（YNT-SXRJ）下的《汽车电控 SRS 安全气囊教学实训系统》软件及附属设备一套。

（3）多媒体教室及计算机 50 台。

（4）教师示范及学生验证用万用表一块，便携式汽车故障诊断仪一台。

2. 故障设置

（1）设置故障。

教师使用"面向大众的汽车运用与维修高技能实训公共服务多功能软件（YNT-SXRJ）"下的《汽车电控 SRS 安全气囊教学实训系统》软件，汽车电控 SRS 安全气囊教学实训设备软件主界面如图 3-27 所示。

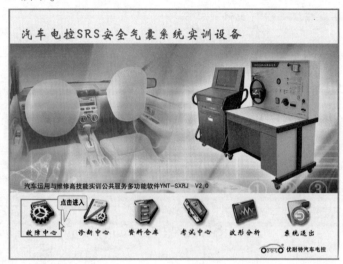

图 3-27　汽车电控 SRS 安全气囊教学实训设备软件主界面

点击进入"故障中心"，在"控制中心"点击"打开点火开关"，设置 01 号点火引爆器故障，汽车电控 SRS 安全气囊教学实训设备（实训台）即产生驾驶员侧和前座乘客侧安全气囊引爆器（N95 和 N131）两个真实故障。故障设置面板及操作顺序如图 3-28 所示。

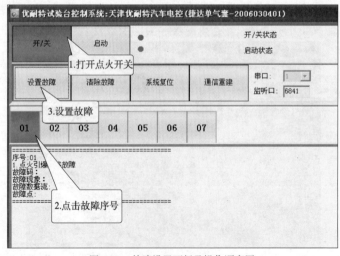

图 3-28　故障设置面板及操作顺序图

(2)故障设置验证。

①选择"诊断中心",进入故障诊断界面,点击进入诊断中心,如图3-29所示。

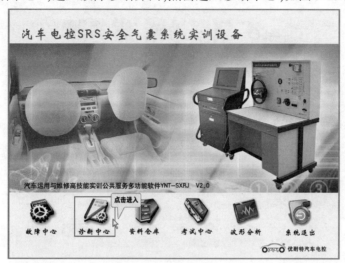

图3-29 点击进入诊断中心

②选择"15-安全气囊"按钮,进入诊断系统,安全气囊系统诊断界面图如图3-30所示。

图3-30 安全气囊系统诊断界面

③点击进入"读取故障码",读取安全气囊系统故障码软件界面如图3-31所示。

图3-31 读取安全气囊系统故障码软件界面

④显示诊断软件检索到的真实故障及故障代码,故障码显示界面如图3-32所示。

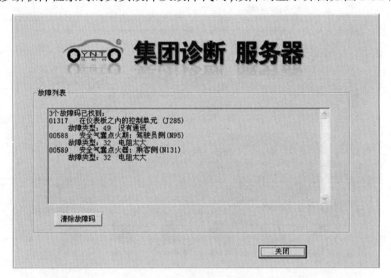

图 3-32　故障码显示界面

图 3-32 中显示,诊断软件检索到两个真实有效故障,故障代码分别为 00588 和 00589,表明驾驶员侧(N95)和乘客侧(N131)安全气囊点火器有故障。如果不取消故障,这个故障会一直存在。

至此,全部教学准备工作完成。教师使用远程控制系统退出诊断程序,关闭安全气囊系统实训台,不要清除故障。准备给学生上课,并进行故障诊断与排除教学示范。

二、教学模式(教师示范)

1. 安排学生工位

教师将学生安排在计算机前就座,每一台计算机就是一个模拟诊断工位,教师指导学生开机,根据学号登录系统,进入安全气囊系统检修教学界面。计算机内预装了虚拟诊断仪、虚拟万用表和虚拟示波器,以及安全气囊系统的电路图;气囊系统组件的 3D、平面动画、维修手册等教学资源库;以及《检修工单》等。每一台计算机都与汽车电控 SRS 安全气囊教学实训设备(实训台)连在一起。

2. 设置故障

教师使用远程控制软件再一次打开点火开关,启动汽车电控 SRS 安全气囊教学实训设备(实训台)运行,并在后台再一次设置驾驶员侧(N95)和乘客侧(N131)安全气囊点火器故障。安全气囊点火器故障如图 3-33 所示。

3. 读取故障代码

与上述"验证故障设置成功"方式一致,连接诊断仪,指导学生如何读取并分析故障代码。

4. 故障码分析

图 3-33 表明,诊断软件检索到两个真实故障(故障代码分别为 00588 和 00589),如果不点击"清除故障"按钮,这两个故障会一直存在,点击"清除故障码"按钮,再一次进入诊断系统,这两个故障代码又会出现,始终清楚不掉。

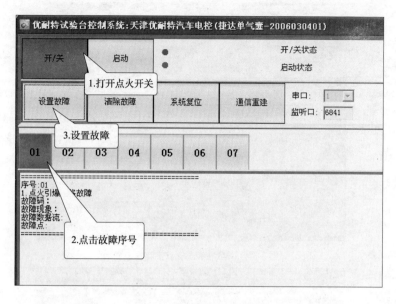

图 3-33 安全气囊点火器故障

5. 理实一体化教学

教师结合实际发生的故障，结合教学资源库软件，讲解安全气囊点火器的结构、组成、工作原理，以及安装位置关系、电路连接关系，回顾以前学习过的内容。点火器组件如图 3-34 所示。明确针对安全气囊点火引爆器的检测方法、检修流程、操作步骤以及安全注意事项，注意：在实车上点火引爆器是危险装置，须严格按照检修操作流程和注意事项操作，并做好相关《检修记录》，具体要求请详细参阅相关车型《维修手册》。本实训台的气体发生器在制作中已经引爆过，没有危险，但是，本着"课堂与工厂一体化"的要求，必须严格按照维修手册要求操作，教师可在《考核模式》下设置扣分项。面向大众的汽车运用与维修高技能实训公共服务多功能软件（YNT-SXRJ）下的《汽车电控 SRS 安全气囊教学实训系统》软件，本身带有教学资源库，包括安全气囊点火引爆器的三维结构原理动画、平面工作原理动画、检修流程、维修手册和检修及模拟拆装软件，实现软硬件交互、虚实融合。图 3-35 是安全气囊系统教学软件主界面，图 3-36 是点火引爆器的工作原理动画图，图 3-37 是点火引爆器解剖三维动画，图 3-38 是安全气囊弹开过程演示动画。

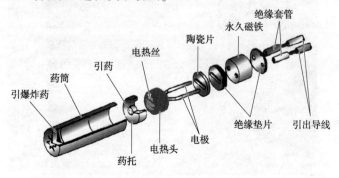

图 3-34 点火器组件

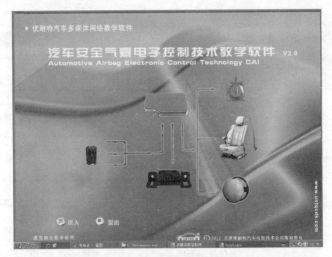

图 3-35　安全气囊系统教学软件主界面

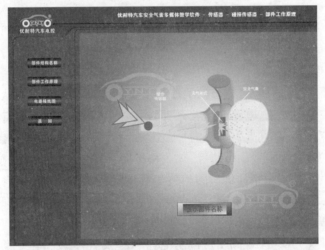

图 3-36　点火引爆器的工作原理动画图

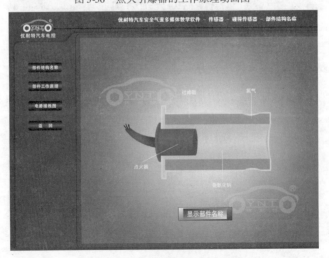

图 3-37　点火器解剖三维动画

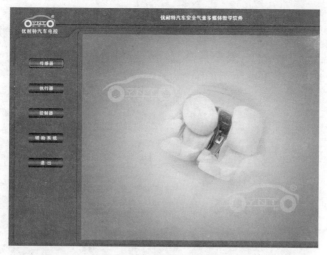

图 3-38　气囊弹开演示动画

该系统还提供对外的网络接口,可以连接到学校汽车检测维修专业教学资源平台、教师工作页和外网,以拓宽学生视野。教师根据这些教学资源,进一步阐述安全气囊系统工作情况,以及点火引爆器的结构组成、工作原理、测试方法、检修流程、操作步骤以及安全注意事项。

驾驶员侧点火引爆器电路连接以及万用表测试图,如图 3-39 所示。

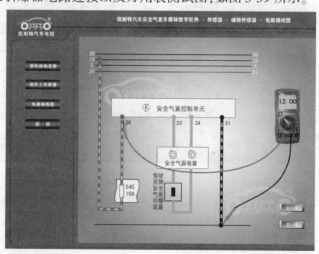

图 3-39　驾驶员侧点火引爆器电路连接及测试图

6. 部件测试与故障排查

(1)安全气囊实训台测试面板包括转向盘、气袋、控制器、螺旋线圈、点火器、气体发生器带张紧器的安全带等所有组件,安全气囊实训台测试面板如图 3-40 所示。

(2)图 3-41 为点火引爆器工作时的瞬间电压测试,图 3-42 为实物图式屏幕测试软件界面图,图 3-43 为电路图式屏幕测试软件界面,可以看到图中万用表读数在驾驶员侧点火引爆器工作瞬间的 12V 瞬时电压。

(3)控制单元测试。目前车型,几乎所有安全气囊控制单元不支持人工检测,只允许使用诊断仪检测。具体方法请参见《维修手册》。

（4）电路排查。电路排查主要检查电器插接器、连接电路等。安全气囊系统电器插接器有特殊性，即为了保SR系统工作可靠，防止误爆，系统随时要检测碰撞传感器、中央气囊传感器和安全传感器。三者之中，安全传感器闭合所设置的减速度值最小，碰撞传感器、中央气囊传感器和安全传感器连接关系如图3-44所示。

图3-40　安全气囊实训台测试面板

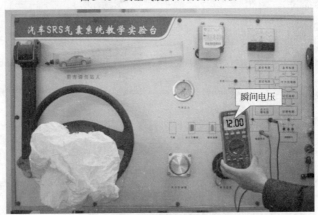

图3-41　点火引爆器工作时的瞬间电压测试

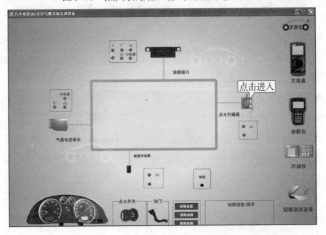

图3-42　实物图式屏幕测试软件界面图

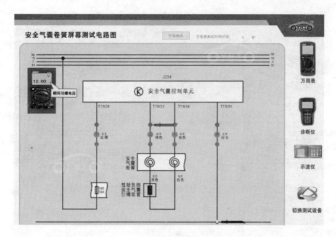

图 3-43　电路图式屏幕测试软件界面

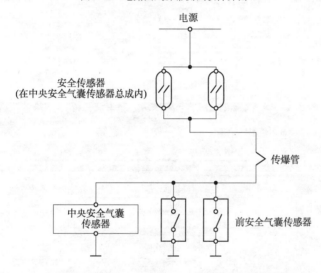

图 3-44　碰撞传感器、中央气囊传感器和安全传感器连接关系图

点火器引爆气囊的条件：前碰撞传感器与安全气囊控制器内的安全传感器必须同时接通。

防气囊误爆措施：与点火器之间的插接器，均采用了防止气囊误爆的短路片，以防止静电或误通电将电热丝接通而造成气囊误爆。安全气囊特殊的带短路片的插接器结构如图 3-45 所示。

因此，在安全气囊系统，连接上述三个主要部件的线束插接器一经拉开，就会自动短路封住，目的是防止气囊误爆。这是与其他汽车电控系统线束插接器截然不同之处，因此，在电路排查过程中，检测到相关部位时，不要误判为线束短路。

教师使用万用表在测试面板测试端子上，测量点火引爆器瞬时电压，在模拟碰撞装置小汽车碰撞开关的瞬间，检测不到瞬间电压，表明点火引爆器不能工作。万用表检测碰撞瞬间电压如图 3-46 所示。

上述现象与实际设置的故障情况相一致。

在乘员侧点火引爆器电路测试，将得到同样的结果。

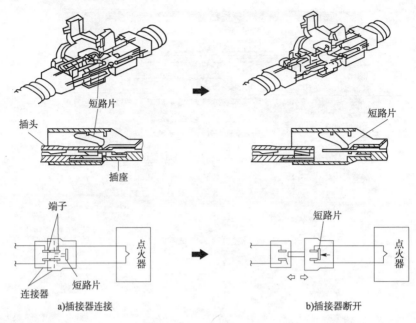

图 3-45 带短路片的插接器结构图

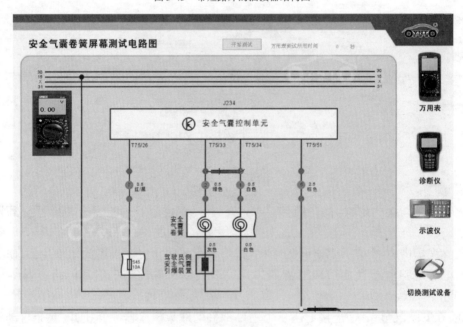

图 3-46 万用表检测碰撞瞬间电压

7. 教师示范记录检测结果

教师示范记录检测结果,示范填写《检修工单》。

8. 教学总结

教师回顾整个故障排查的分析思路及排故过程,教学资源库及维修资料运用情况,总结工作要点和诊断注意事项,特别是安全性方面和插接器短路特性。至此,教学模式(教师示范)全部结束。

三、练习模式(学生自主练习)

(1)教师使用《汽车电控 SRS 安全气囊教学实训系统》软件再次设置点火引爆器故障,也可只设置驾驶员侧或乘员侧点火引爆器故障。教师在设置故障时,可根据教学情况及学员层次灵活掌握,但要注意诊断系统读到的故障码不同;与安全气囊单元的连接线、插接器以及连接管脚不同,测试点也有所不同。

(2)将学生分组,做好练习前的各项准备工作。

(3)指导学生按照教学模式中教师示范的内容、方法、步骤进行故障排查操作练习。包括故障码读取、故障码分析、波形分析、教学资源库和《维修手册》使用、电路分析、部件测试、电路排查、确定故障点、填写《检修工单》、提交检修作业。

学生在使用《汽车电控 SRS 安全气囊教学实训系统》软件的资源库时,也可链接到学校教学平台内的资源库,亦可链接到外网,如百度、谷歌、国内外各种汽车网站查找资料、分析比较、拓展视野。

(4)教师通过教师机掌控汽车电控 SRS 安全气囊教学实训台的点火开关,根据学生作业进展情况,控制点火开关通断或实验台运行,并通过远程桌面系统分别检查、指导学生操作。

(5)学生屏幕测试软件有实物图模式和电路图模式两种。

(6)教师指导学生将测试数据,填写到《检修工单》提交。至此,练习模式结束。

四、考核模式(在线技能操作考核)

由于本系统全部作业均在计算机上完成,因此,系统会自动判断学生的每一步操作轨迹,对学生的操作正确与否进行考核评价。具体方法如下。

(1)教师启动汽车电控 SRS 安全气囊教学实训台,记录安全气囊教学实训台正常状态下运行的各项参数。

(2)使用远程控制软件再次设置一个点火引爆器,使用《教师课程开发平台》软件,设置考核内容、考核点、考试时间及分值。上述内容可以根据学习对象不同,从严或者从宽掌握,即结合国家职业资格等级考核,确定考核点、考试时间及分值。如针对在校学生,考核内容、评分点、分值等设置可以宽松一些,而对于在职修理工、行业技师等的实操考核,可以设置得严格一些。

(3)教师在教师机点击"发卷",学生机收到考核命题,系统同时开始计时。

(4)与练习模式一样,需要教师掌控汽车电控安全气囊教学实训台的运行,根据考生的作业进度,控制点火开关通断或实验台运行,并通过远程桌面系统检查考生操作情况。

(5)考生操作完成点击"交卷",系统会自动给出得分和考试所用时间。时间一到,系统自动收卷。

复习与思考题

一、简答题

1.为防止安全气囊误爆,安全气囊系统采取了什么措施?

2. 学生在练习模式中应按教师的示范进行操作,其中包括哪些内容?

二、单选题

1. SRS 系统传感器中( )闭合所设置的减速度值最小。
   A. 安全传感器　　　　　　B. 中央气囊传感器
   C. 车速传感器　　　　　　D. 碰撞传感器
2. 点火器引爆气囊的条件是( )。与安全气囊控制器内的安全传感器必须同时接通。
   A. 前碰撞传感器接通
   B. 安全传感器接通
   C. 前碰撞传感器与安全传感器同时接通
   D. 前碰撞传感器与安全传感器有一个接通

三、多选题

为了保证 SRS 系统工作可靠,防止误爆,系统随时要检测( )。
   A. 安全传感器　　　　　　B. 中央气囊传感器
   C. 车速传感器　　　　　　D. 碰撞传感器

四、判断题

1. 目前车型,几乎所有安全气囊控制单元不支持人工检测,只允许使用诊断仪检测。( )
2. 在模拟碰撞装置小汽车碰撞开关的瞬间,检测到瞬间电压,表明点火引爆器不能工作。( )

案例5　车身控制模块(BCM)故障案例分析

一、车型故障资料

一辆大众朗逸2.0L自动挡轿车,行驶里程4.8万km,汽车用户使用"车大夫"手机端呼叫救援,经电话沟通,原因是发动机无法起动。维修人员赶到现场,发现点火开关处于起动位置时起动机不能转动,发动机也无法起动,初步检查点火开关及熔断丝、继电器均工作正常,起动机电路也正常,但起动机就是不动作,于是将汽车拖回修理厂。

二、初步诊断分析

经维修人员对故障汽车进一步检查发现:除汽车用户描述的发动机无法起动外,转向灯、危急闪烁报警灯、制动灯、倒车灯、刮水器、喇叭、电动车窗、室内灯和中控锁功能均已失效。用遥控器或点火钥匙均不能使车门闭锁/解锁,按下空调操作单元上的按键或转动鼓风机速度调节开关,均无反应。如此多个车身电器同时出现故障,凭经验判断:该故障应与车身控制单元 BCM 有关。

三、车身控制模块(BCM)简述

BCM(BODY CONTROL MODEL)是包含各类灯以及门锁功能的控制模块,同时也具有 CAN 和 LIN 网关功能。BCM 要求的特点是:CAN/LIN 网络支持,对应于各种单元规模的封装/内存,为克服车内线路引起的电磁辐射的低 EMI 设计,待机时为降低电池消耗的低功耗设计。图 3-47 是 BCM 系统框图。

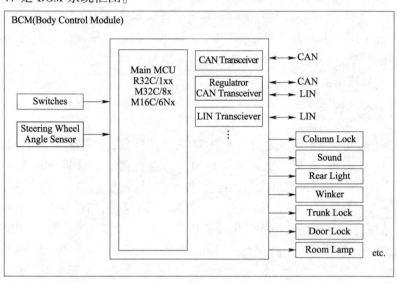

图 3-47 BCM 系统框图

电控单元在汽车中的应用越来越多,各电子设备间的数据通信变得越来越多,同时这些分离模块的大量使用,在提高车辆舒适性的同时也带来了成本增加、故障率上升、布线复杂等问题。于是,需要设计功能强大的控制模块,实现这些离散的控制器功能,对众多用电器进行控制,于是就出现了车身控制模块 BCM。目前,随着智能网联技术的发展,BCM 也是汽车电子发展的重要方向。

由于 BCM 的研究和应用,大大提高了整车的性能。但随着汽车电子技术的进一步发展,BCM 集成的功能也越来越多,BCM 的设计也变得越来越复杂,集中式控制也造成线束过于集中,安装、布线也很复杂。今后 BCM 具有以下发展趋势:越来越多的车身电子设备在车身得到应用,使得 BCM 控制对象更多;各电子设备的功能越来越多,各种功能都需要通过 BCM 来实现,使得 BCM 功能更加强大;各电子设备之间的信息共享越来越多,一个信息可同时供许多部件使用,要求 BCM 的数据通信功能越来越强;单一集中式 BCM 很难完成越来越庞大的功能,使得总线式、网络化 BCM 便成为发展趋势。而 CAN 总线是一种串行多主站控制器局域网总线,是一种有效支持分布式控制或实时控制的串行通信网络,由于其通信速率高,可靠性好以及价格低廉等特点,使其特别适合汽车系统,所以利用 CAN 总线技术总线式控制车身电子电器装置,是 BCM 发展的必然趋势。该系统具有以下优点。

(1)系统变得很简洁,线束也很简单,布线方便,使总线的优势得到充分发挥。

(2)BCM 的功能由少量的几个模块分担,每个模块都可以有很强的功能。

①对大电感性负载,如刮水器、鼓风机、风扇等,为了降低对系统电源的冲击,同时保护

用电设备,可采用PWM方式实施软启动;

②对用电设备进行短路保护,当有短路故障发生时,及时切断供电回路,避免线路着火等事故的发生;

③对短路故障实施二次上电,进一步提高系统抗干扰能力;

④对设备故障进行诊断、故障报警、信息记录等;

⑤复杂功能则由各模块协同完成。

(3)实现信息共享,便于新设备的使用和开发。在该系统中,几乎所有信息都按照协议在总线上传递,并采用广播的方式发布,所以车辆信息可以很方便地被新设备获得。因此,基于CAN总线的行车记录仪、故障诊断仪只需按照协议从总线把所需信号读取即可,使产品开发变得更容易,成本更很低廉。

四、进一步诊断分析

根据"代码优先"的原则,首先连接VAS5052故障诊断仪,点击自诊断功能打开网关列表,控制单元列表中显示发动机控制单元与BCM均存在故障。发动机控制单元故障码是:01320,表明与HVAC(空调)控制单元失去通信,故障性质是当前存在。而进入BCM系统,故障码有9个之多,分别是:03435,车内灯/停车灯端子30断路,当前存在;00329,后行李舱盖解锁启动对地短路,当前存在;03396,中控锁供电端子30断路,当前存在;00920,驾驶员侧及乘客侧加热后视镜断路,当前存在;03580,加热式车外后视镜端子断路,当前存在;03585,挡风玻璃雨刮器端子30断路,当前存在;03444,起动机点火开关不可靠信号,偶发;03591——喇叭启动断路,当前存在;03592,喇叭端子30断路,当前存在。点击环境条件按钮查看控制单元,识别到每个故障记忆时的里程,显示这些故障码是同时发生的。

五、执行器驱动测试及测量组数据分析

将故障码复制到U盘保存,删除故障记忆。检测仪屏幕左上方出现文本提示如下:功能取消不满足要求。点击输出诊断测试模式(DTM)功能选项,对转向灯、刮水器、喇叭等进行功能测试,屏幕左上方再次出现功能取消不满足要求的文本提示。点击测量值功能,查阅001组的测量值为关(点火开关D/86s端子信号)、关(D/50端子信号)、开(D/75端子信号)、关(D/15端子信号)。点火开关处于打开位置时的正常值应为开、关、开、开。查阅040组、041组对车身控制模块J519(在电路图中表述为"车载电网控制单元")的8个30号线供电端子的测量值,依次为正常(转向灯/制动灯)、异常(内部灯)、异常(前风窗刮水器)、正常(后风窗加热)、异常(外后视镜)、异常(喇叭信号)、正常(倒车灯)和异常(中央集控)。检查对BCM供电异常的熔断丝SC18、SC19、SC49和SC50,4个保险丝均正常。用引导性功能进入BCM数据块选项,点击上述各项测量值列表,此时发现对BCM供电的8个30端子状态均为正常,但86s和15号线依旧异常。图3-48为SC18、SC19熔断丝配置电路图。

测量值003组是刮水开关E22和间歇刮水调节器E38的测量值,分别将E22与E38置于不同的挡位,测量值由未操作变为接通,间歇刮水调节器的测量值显示1-4级的变化,但刮水器电机没有响应。012组1区和3区是左前电动窗开关E40和右前电动窗开关E81的信号测量值,按动开关,有输入信号显示,但电动窗不动作,这些都表明BCM虽然接收到了

开关信号却无输出指令。005 组是 4 个车门开关的测量值,均显示关闭,依次开启各车门,显示无变化。007 组显示 4 个车门闭锁/开锁的实时状态。查看 4 个车门,均处于开锁状态,但 4 个区域的测量值却显示解锁、锁止、解锁、锁止。依次按动门锁开关,测量值却不变化,这表明 BCM 无法识别某些开关信号。015 组 1 区是遥控钥匙输出信号的测量值。操作遥控器闭锁/开锁按钮时,1 区显示能接收到相应的无线电信号。观察左右转向灯,有闭锁/开锁的闪烁提示,但中控锁电机却无响应。

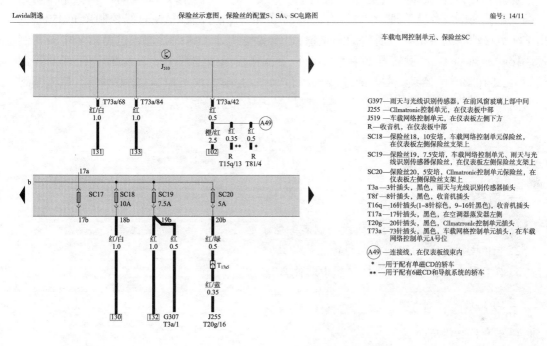

图 3-48　SC18、SC19 熔断丝配置电路图

六、确认故障

综合上述检查以及得出的结果基本可以确认:BCM 已经损坏。理由有三条:一是 BCM 外围供电线路的 15 号线及熔断丝正常,但检测值却显示异常,表明 BCM 内部电源系统有故障了;二是 BCM 无法识别一些开关信号;三是 BCM 虽然识别到了一些开关信号,但却没有给执行器输出控制指令,如遥控门锁不动作。而且利用诊断仪执行删除故障和诊断测试模式(DTM)的操作均被拒绝,都表明 BCM 内部确实存在问题。因此,有足够的理由判断车身控制模块 BCM 已经损坏。图 3-49 是车身控制模块 BCM 的外观图。

图 3-49　车身控制模块(BCM)外观图

七、故障排除

使用 VAS5052 诊断仪引导性功能,将故障 BCM 内的原车长编码读出,换用新的 BCM,将读出的原车 BCM 长编码复制到新的 BCM 上,起动发动机顺利。接下来进行关闭 BCM 工作模式的操作,并重新匹配遥控器,对 BCM 所管理的各项功能分别进行检查验证,确认故障已经彻底排除。

与此同时,空调系统也恢复了正常工作。其实,车身控制模块 BCM 与空调控制模块之间的联系仅为电气负荷管理,在更换有故障的 BCM 前,曾进入 CAN 总线控制单元 J533,读出 132 组自动空调系统有关通信的测量值,显示为空调处于休眠状态。这是由于空调控制模块接收不到 BCM 信号,而导致在空调面板上操作任何按键都无效。由此可见,车身控制模块 BCM 在整车电控系统中具有重要的地位和作用,随着汽车控制技术发展,今后汽车智能网联和自动驾驶也主要是通过车身控制模块 BCM 来主导完成。

复习与思考题

一、简答题

1. 利用 CAN 总线技术的总线式控制车身电子电器装置,具有哪些优点?
2. 车身控制模块(BCM)要求的特点是什么?
3. 本案例中,判断 BCM 损坏的理由是什么?

二、单选题

1. 车身控制模块的英文缩写是(　　)。
   A. BAV　　　　B. BCC　　　　C. BCM　　　　D. BLR
2. BCM 可以对设备故障进行诊断、故障报警、(　　)等。
   A. 故障排除　　B. 故障预防　　C. 信息记录　　D. 信息更新

三、多选题

车身控制模块(BCM)是包含(　　)控制模块,同时也具有 CAN 和 LIN 网关功能。
A. 空调　　　　B. 电动窗　　　C. 门锁功能　　D. 各类灯

四、判断题

1. 利用 LIN 总线技术总线式控制车身电子电器装置,是 BCM 发展的必然趋势。(　　)
2. CAN 总线是一种串行多主站控制器局域网总线,是一种有效支持分布式控制或实时控制的串行通信网络。(　　)

单元四
电动汽车故障案例分析

案例 1　电动汽车无法起动的故障案例分析

一、车型故障资料

一辆 ED150 电动汽车，车主使用手机端"车大夫"故障救援寻呼系统呼救，给出的呼救信息是车辆无法起动。经电话沟通，车主描述昨天车还用得好好的，早晨起来车辆就无法起动了。具体现象是全车都有点电，中央仪表也亮，但无论是前进挡还是倒挡，驱动电机都不工作，车辆无法行驶，于是使用京津冀一体化机动车维修公共服务平台免费提供的"手机端车大夫故障救援系统"呼救。

二、电动汽车驱动电机系统分析

1. 驱动电机系统简介

驱动电机系统是电动汽车三大核心部件之一，也是车辆行驶的主要执行机构，其特性决定了车辆的主要性能指标，直接影响着车辆的动力性、经济性和用户驾驶感受。因此，驱动电机系统是电动汽车中最重要的部件之一。驱动电机系统由驱动电动机（DM）和驱动电机控制器（MCU）构成，通过高低压线束、冷却管路与整车其他系统作电气和散热连接。图 4-1 为驱动电机系统连接示意图。

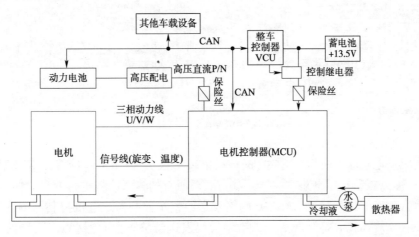

图 4-1　驱动电机系统连接示意图

其工作原理是整车控制器(VCU)根据驾驶员意图发出各种指令,电机控制器响应并反馈,实时调整驱动电机输出,以实现整车的怠速、前行、倒车、停车、能量回收以及驻坡等功能。电机控制器的另一个重要功能是通信和保护功能,实时进行车辆状态和故障信息检测,保护驱动电机系统和整车安全可靠地运行。

2. 驱动电机系统结构组成和工作原理

电动汽车驱动电机系统包括电动机(DM)和驱动电机控制器(MCU)两部分。

(1)电动机。

以 C33DB 驱动电机系统为例,C33DB 驱动电动机采用永磁同步电动机,具有效率高、体积小、质量轻及可靠性高等优点,是动力系统的重要执行机构,也是电能与机械能转化的部件,且自身的运行状态等信息可以被采集到驱动电机控制器,依靠内置传感器来提供电机的工作信息。旋转变压器,用以检测电机转子位置,控制器解码后可以获知电机转速;温度传感器,用以检测电机的绕组温度,控制器可以保护电机避免过热。图 4-2 为电动机、旋转变压器和温度传感器外形图,图 4-3 为 C33DB 驱动电动机零部件分解图,表 4-1 为 C33DB 驱动电动机系统电动机和电机控制器的技术参数。

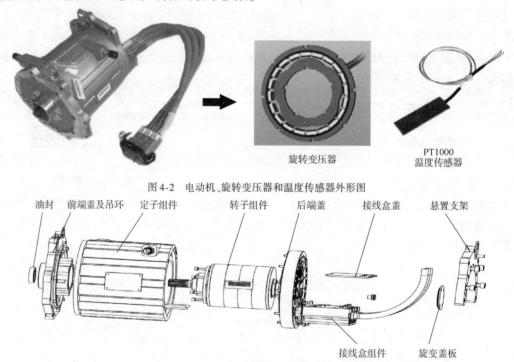

图 4-2 电动机、旋转变压器和温度传感器外形图

图 4-3 C33DB 驱动电动机零部件分解图

(2)电机控制器。

它是驱动电机系统的控制中心,又称智能功率模块,以 IGBT(绝缘栅双极型晶体管)模块为核心,辅以驱动集成电路、主控集成电路,对所有的输入信号进行处理,并将驱动电机控制系统运行状态的信息通过 CAN2.0 网络发送给整车控制器。电机控制器内含故障诊断电路,当诊断出异常时,它将会激活一个错误代码发送给整车控制器(VCU),同时也会把该故障码和数据存储。电机控制器使用以下传感器来提供驱动电机系统的工作信息。

电流传感器。用以检测电机工作的实际电流(包括母线电流、三相交流电流)。

电压传感器。用以检测供给电机控制器工作的实际电压(动力电池电压、12V 蓄电池电压)。

C33DB 驱动电动机系统电动机和电机控制器的技术参数　　　　表 4-1

电动机		电机控制器	
类型	永磁同步	直流输入电压	336V
基速	2812r/min	工作电压范围	265～410V
转速范围	0～9000r/min	控制电源	12V
额定功率	30kW	控制电源电压范围	9～16V
峰值功率	53kW	标称容量	85kVA
额定扭矩	102Nm	质量	9kg
峰值扭矩	180Nm	防护等级	IP67
质量	45kg		
防护等级	IP67		
尺寸(定子直径 X 总长)	(Φ)245X(L)280		

温度传感器。用以检测电机控制系统的工作温度(包括 IGBT 模块温度、电机控制器板载温度)。C33DB 电机控制器实际是一个三相两电平电压源型逆变器,图 4-4 为 C33DB 电机控制器、IGBT 模块和电流传感器外观图。图 4-5 为 C33DB 电机控制器结构图,图 4-6 为 C33DB 电机控制器零件图。

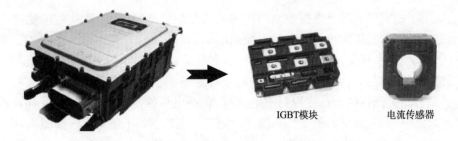

图 4-4　C33DB 电机控制器、IGBT 模块和电流传感器外观图

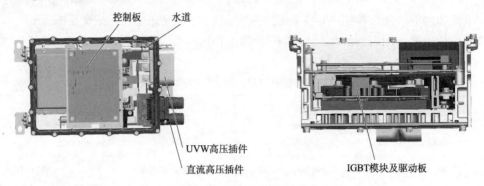

图 4-5　C33DB 电机控制器结构图

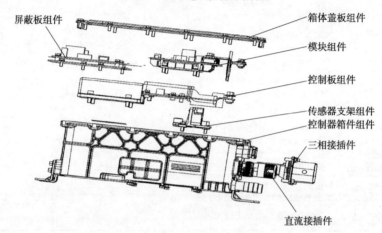

图 4-6　C33DB 电机控制器零件图

(3) 驱动电机系统工作原理。

在驱动电机系统中,驱动电机的输出动作主要是靠控制单元给定命令执行,即控制器输出命令。控制器主要是将输入的直流电逆变成电压、频率可调的三相交流电,供给配套的三相交流永磁同步电机使用。

三、初步诊断分析

从上述驱动电机系统的结构组成、工作原理可知,电动汽车无法起动的原因无外乎两大类:一是车辆电气组件都没有工作,也就是整个电气系统都无法工作,即全车没电。二是车辆电气组件工作正常,但是车辆无法起动行驶。

起动不了的直接原因是电机控制器内的直流接触器不吸合,导致动力电池电源无法接入驱动电机控制器高压模块,因此,无法控制电动机的运行,车辆无法行驶,即"驱动电机不上电"。电动汽车高压上下电控制主要是根据驾驶员对行车钥匙开关的控制,进行动力电池的高压接触器开关控制,以完成高压设备的电源通断和预充电控制。上下电流程处理的作用是:协调各相关部件的上电流程与下电流程,包括电机控制器、电池管理系统等部件的供电,预充电继电器、主继电器的吸合和断开时间等。电动汽车上下电流程如图 4-7 所示。

由上述电动汽车上下电控制流程可知:分析起动问题应主要从分析电动汽车动力回路电控系统原理图入手。

单元四 电动汽车故障案例分析

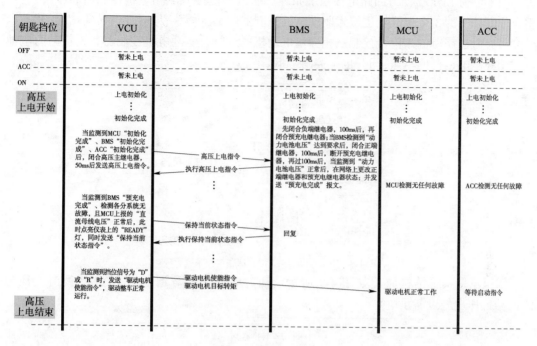

a) 驱动电机系统上电流程图

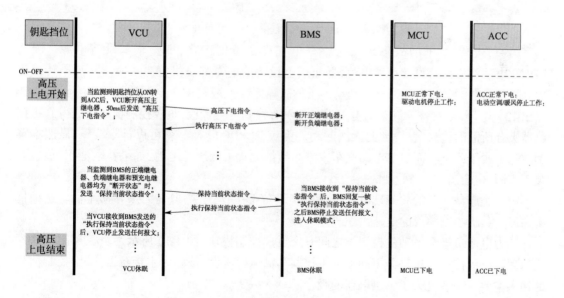

b) 驱动电机系统下电流程图

图4-7 电动汽车上下电流程

四、进一步诊断分析

图4-8为ED150动力回路电控系统原理。动力电池接入驱动电机控制器高压模块,三相异步电动机的3个接线柱也接入驱动电机控制器的高压模块,同时反馈转速信号,驱动电机控制器通过获得输入信号控制三相异步电动机的运行。驱动电机控制器是连接动力电池与三相异步电动机的枢纽,同时也是控制中枢。

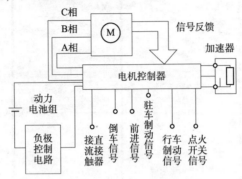

图4-8 ED150电动汽车动力回路电控系统原理

低压电气系统结构原理如图4-9所示。动力电池的电源通过DC/DC转换器变换为12V,给低压电气设备供电。

图4-9 ED150电动汽车低压电气系统结构原理

第一类起动不了的故障现象为整车电气设备不能工作,即整车都没有电源。因为ED150电动汽车没有设计小蓄电池,低压用电设备的电源都是由电源转换器从高压转换为12V的直流电供电。出现第一类起动不了的故障原因一般是由于电源转换器没有正常工作输出12V电压,导致整个汽车的电气设备都没有得到电力供应,负极控制模块无法得到主接触器吸合所需的输入信号,因此无法起动。更换DC/DC转换器就可以排除故障,显然本案例故障不属于此类。而当前电动汽车主流车型都配置了低压蓄电池,如果蓄电池正、负极安装不牢固,也会出现上述问题。

第二类起动不了的故障现象是车辆电气设备都工作正常,但是无法开动车辆。这种情况一般是负极控制模块的电路出现故障所致。

动力电池负极与电动机控制器之间有个负极控制模块,图4-10所示为负极控制电路模块原理。负极控制模块是为了起动开关控制车辆运行所设,核心为主接触器,外围控制信号的输入主要目的就是为了主接触器的吸合。

正常的工作过程是:将点火开关打到ON挡后,按住绿色的起动按钮3~4s,预充电继电器一端通过1号熔丝得到12V,并且电源主接触器控制线圈一端通过12号熔丝得到12V电源,过0.2s后,整车控制器检查到12V信号,然后将向预充电继电器控制线圈输出低电平(10s后断开),这时预充电继电器吸合,动力电池通过预充电电阻向电动机控制器高压模块完成充电过程。完成后,电动机控制器向主接触器控制线圈发出低电平,这时主接触器吸合完成"滴答"一声的吸合动作,车辆便可正常起动。

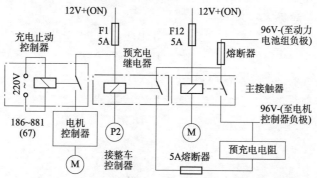

图4-10　ED150电动汽车负极控制电路模块原理图

主接触器的控制端有两个:一端是从点火开关通过熔丝得到12V电源(ON挡);另一端是从电动机控制器输出的低电平。这类起动不了的原因多半是低电平端没有输出低电平,其主要原因有两个:一是点火信号没有输入到电动机控制器;二是预充电电阻没有连接上,导致没有满足电动机控制器输出条件。此类起动故障多为线束接触问题、熔丝烧断、预充电电阻未接入回路等原因造成的。

在传统汽车上所有负极与车身搭铁就可以了,为了提高电动汽车安全性、可靠性,电动汽车负极控制电路是重要的控制系统,其结构和设计都比传统的汽、柴油机汽车复杂得多,因此,在电动汽车整车维护与故障诊断中都需要重点关注。

五、故障排查

根据上述分析,重点排查负极控制电路中的线束插接器、熔断丝和预充电电阻的工作情况等。当检查到F12号5A熔断丝时发现,该熔断丝断开,导致电源主接触器控制线圈无法得到12V电源,整车控制器也检测不到12V信号,因此,驱动电机不上电,车辆也就无法行驶。更换12号5A的熔断丝,故障排除。

六、故障再现

使用电动汽车整车排故实训系统,设置负极控制电路中的线束、熔断丝、继电器等故障,各车型都会导致不能"上电"、车辆无法行驶的故障发生。由于发生在负极低压部分,因此,各种检修和故障诊断都是安全的,在实际教学中注意拔出电动汽车的"维修插头"。

复习与思考题

一、简述题

1. 试述电动汽车驱动电机系统的组成?
2. 试述电动汽车无法起动的故障原因有哪些类型?

二、单选题

1. 绝缘栅双极型晶体管的英文缩写是（　　）。
   A. IGBT　　　　　　　　　　　B. BJT
   C. GTR　　　　　　　　　　　 D. MOSFET
2. 电动汽车出现第二类起动故障时，一般是（　　）出现故障所致。
   A. 动力电池组　　　　　　　　B. 低压蓄电池
   C. 负极控制模块　　　　　　　D. DC/DC 转换器

三、多选题

1. 驱动电机依靠内置传感器来提供电机的工作信息，这些传感器包括（　　）。
   A. 温度传感器　　　　　　　　B. 速度传感器
   C. 位置和转速传感器　　　　　D. 旋转变压器
2. 下列关于第一类起动故障描述正确的有（　　）。
   A. 车辆电气设备不工作　　　　B. 车辆电气设备工作正常
   C. 检查更换 DC/DC 转换器　　 D. 检查更换负极控制模块

四、判断题

1. 驱动电机系统是电动汽车三大核心部件之一，也是车辆行驶的主要控制机构。（　　）
2. 分析电动汽车起动问题应主要从分析电动汽车动力回路电控系统原理图入手。（　　）

案例 2　电动汽车行驶异响的故障案例分析

一、车型故障资料

一辆北汽新能源 E150EV 电动出租汽车，车龄一年，已行驶 75000km，近期感觉车辆在行驶中电机动静较大，而且有越来越严重的趋势，于是进修理厂维修。

二、初步检查

根据驾驶员描述，初步检查发现：只要一上电，动力舱下部就有异响，起步行驶，响声越来越大，运行中感觉驱动电机振动较大，初步断定响声是来自动力电机。连接故障诊断仪进入驱动电机系统，显示电机温度传感器数值过高，驱动电机存在不正常的摩擦现象。

三、驱动电机常见的故障分析

驱动电机的故障主要有电机故障和电机控制器故障两种。而电机的故障又可分为机械故障和电气故障。驱动电机在机械方面的主要故障有定子铁芯损坏、转子铁芯损坏、轴承损坏和转轴损坏，其故障原因有振动、润滑不充分、转速过高、静载过大或过热而引起的磨损、压痕、腐蚀、电蚀和开裂等；驱动电机在电气方面的故障则主要是定子绕组故障和转子绕组故障,故障原因有电动机绕组接地、短路、断路、接触不良和笼型转子导条断条等。图4-11为北汽新能源E150EV驱动电动机全剖视图。

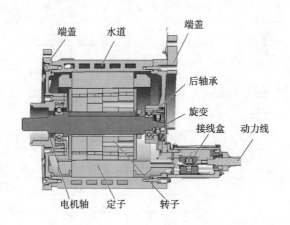

图4-11　北汽新能源E150EV驱动电动机全剖视图

电机控制器的故障主要有IGBT故障、输入电源线与接头故障、整流二极管短路、直流母线接地错误、直流侧电容短路、晶闸管短路、温度超限报警、相电流过流、过电压和欠电压等高压电气系统故障。

在电机控制器的维护中应注意以下几个方面。

(1)电机控制器的检查应在断电的情况下进行,至少每3个月1次。

(2)电机控制器的各项功能出厂时已经调好,检查时不应自行拆开和调整。

(3)插接器接线不得调整。

(4)断开维修插头后,控制器功率单元内的滤波电容器要保持几分钟的放电时间。

(5)经常清洁控制器外表的灰尘和杂物,但切忌用水冲洗电气器件、中央控制盒和插接器,可以用刷子或高压气体吹拂去尘。

驱动电机常见故障及排除方法见表4-2。

驱动电动机常见故障及排除方法　　　　　　　　　表4-2

故障现象	故障原因	排除方法
驱动电机在空载时不能启动	电源未接通	检查开关、接触器触点及电动机引出线头,查出后修复
	逆变器控制原因	检查逆变器
	定子绕组故障(断路、短路、接地和连接错误等)	检查定子绕组,找出故障并修复
	电源电压太低	检查电源电压和每个连接处
驱动电机通电后,电动机不启动,"嗡嗡"响	定子、转子绕组断路	查明断路点进行修复
	绕组引出线始末端接错或绕组内部接反	定子绕组中通入直流电,检查绕组极性(用指南针);判定绕组首末端是否正确
	电机负载过大或被卡住	检查设备,排除故障
	电源未能全部接通	紧固接线柱松动的螺钉,用万用表检查电源线某相断线成假接故障,然后修复

续上表

故障现象	故障原因	排除方法
定子过热	输电线一相断线或定子绕组一相断路,造成走单相	检查开关、接触器触点及电动机引出线头,查出后修复检查定子绕组,找出故障并修复
	过载	减少负载或增加容量
	绕组匝数不对	检查绕组电附
	通风不良	检查风机是否正常
绝缘电阻低	绕组受潮或被水淋湿	进行加热烘干处理
	绕织绝缘粘满粉尘、油垢	清洗绕组油垢,并经干燥、浸漆处理
	引出线绝缘老化破裂	重包引线绝缘
	绕组绝缘老化	经鉴定可以继续使用时,可经清理干净,重新涂漆处理;如果绝缘老化,不能安全运行时,需要换绝缘
驱动电机振动	轴承磨损,间隙不合格	检查轴承间隙,应符合设计要求
	气隙不均匀	高速气隙
	转子不平衡	重新校对平衡
	笼型转子导条断条	更换转子
	定子绕组故障(短路、断路、接地和连接错误等)	查出绕组故障点并进行处理
	转轴弯曲	校直转轴
	铁芯变形或松动	校正铁芯,或重新叠装铁芯
驱动电机空载运行时空载电流不平衡,且相差大,电机运行时有杂音,不正常	绕组首末端接错	查明首末端,改正后再启动电动机试验
	电源电枢不平衡	测量电源电压,找出原因消除
	绕组有故障(匝间短路、某线圈组接反等)	拆开电动机,检查绕组极性和故障,并改正和消除故障
	轴承磨损,有故障	检修并更换轴承
	定子、转子铁芯松动	检查振动原因,重新压装铁芯
	电压不平衡	测量电源电扭,检查电压不平衡原因并处理
	绕组有故障(如短路、接错等)	检查绕组故障并处理
	轴承缺少润滑脂	清洗轴承,添加规定的润滑脂
	气隙不均匀,定子、转子相摩擦	高速气隙,提高装配质量
轴承发热超过规定	润滑脂过多或过少	拆开轴承盖,检查油量,按规定增减润滑脂
	脂质不好,含有杂质	检查油脂内有无杂质,更换洁净润滑脂
	轴承与轴配合过松或过紧	采取措施,使轴承与轴配合符合要求
	轴承与端盖配合过松或过紧	采取措施,使轴承与端盖配合符合要求
	油封间隙配合太紧	更换或修理油封
	轴承内盖偏心,与轴相擦	修理轴承内盖,使其与轴的间隙合适
	电动机两侧端盖或轴承盖未装平	按正确工艺将端盖或轴承盖装入止口内,然后均匀紧固螺钉
	轴承有故障,磨损,有杂物等	更换损坏的轴承,对含有杂质的轴承要彻底清洗,换油
	轴承间隙过大或过小	更换新轴承
花键轴或花键套过早磨损	电动机轴或套老化	更换
	电动机安装不当,造成电动机轴弯曲变形	检测维修或更换
	长期过载运行	按正常运行
驱动电机发热冒烟或烧毁	严重超载	减负至规定值
	冷却液不足	按规定添加
	爬坡度或坡道长超过规定值	按规定值运行
	制动高速不当或使用不当,正常行驶中脚踩着制动踏板	调整制动器,正常行驶时不踩制动踏板
	控制器失效	检测维修或更换

四、进一步诊断分析

通过分析,电机有异响、震动、过热,都与轴承有关系。根据北汽新能源汽车《维修手册》,规定驱动电机轴承应于每60000km更换,而出租车驾驶员表示从来没有更换过轴承。

五、故障排除

根据上述分析,准备专用工具、工作台、电机翻转架和通用工具,拆下驱动电机,在电机翻转架上固定好驱动电机,拆开驱动电机前、后端盖,发现前轴承已经磨损松旷。使用专用轴承拔拉器拆下旧的前、后轴承,换用一对新轴承装复、试车,不再有异响声,故障排除。

以下是北汽新能源汽车《维修手册》给出的拆装范例(图4-12)。

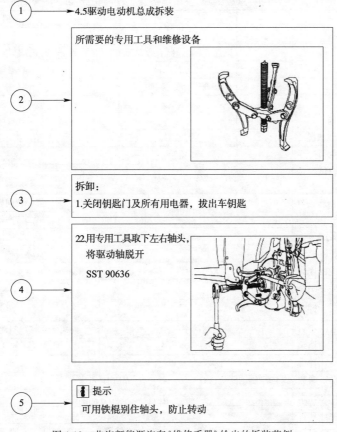

图4-12 北汽新能源汽车《维修手册》给出的拆装范例

填制总成维修工单及竣工检验单,包括如下内容。

(1)标题:本次维修项目中所维修的内容。

(2)专用工具:列举出本次维修项目中所需要的专用工具。

(3)拆卸步骤:按照顺序进行拆卸。

(4)注意事项:说出在下一维修步骤中所需要注意的事项。

(5)图解:以图片的形式对相应的拆装步骤进行说明。

以上是北汽新能源汽车《维修手册》给出的拆装范例,除此之外,驱动电机更换轴承属于总成维修项目,根据《机动车维修管理规定》(交通运输部令 2016 年第 37 号),属于二级维护、总成修理和整车修理项目中的"总成修理"内容,应当填写《竣工检验单》并由检验员签字,编写并存储《维修档案》,对客户开具《竣工合格证》。

六、故障再现

本案例属于机械故障,不适合给出故障再现。各教学单位可根据教学实训装备情况,配备驱动电机实物、拆装工作台、电机翻转架、专用和通用工具组织学生实习实训。表 4-3 是电动汽车二级维护、总成维修、整车维修竣工检验单样表,作业完成后组织学生填写相关表单,并作为《维修档案》保存。各教学单位如需免费使用及注册《汽车维修企业管理系统》,请联系软件开发单位天津市优耐特汽车电控技术服务有限公司,系统会自动生成表单并保存每个学生的作业记录。

电动汽车二级维护、总成维修、整车维修竣工检验记录单　　合同编号　　　表 4-3

托修方				车牌号			车型		
	项目		评价	项目		评价	项目		评价
外观状况	清洁			减速器(变速器)、传动轴			悬架		
	紧固			动力蓄电池			减振器		
	润滑			充电插头、插座			车轿		
	密封			高压线束			牵引连接装置和锁止机构		
	附属设施			绝缘性			前照灯		
	驱动电机工作状况			转向机构			信号指示装置		
	驱动电机附件			轮胎			仪表		
故障诊断	车载诊断系统(OBD)故障信息			□无　□有　故障信息描述:_____					评价:
性能检测	转向盘最大自由转动量(°)				评价:	转向轮横向侧滑量(m/km)	第一转向轴:		评价:
							第二转向轴:		评价:
	制动性能	台架	车轴		一轴			二轴	
			轴制动率(%)	结果					
				评价					
			制动不平衡率(%)	结果					
				评价					
		整车参数	项目	整车制动率(%)			驻车制动率(%)		
			结果						
			评价						
		路试	初速度(km/h)____	参数	制动距离(m)		MFDD(m/s^2)	制动稳定性	
				结果					
				评价					
前照灯性能			参数	灯高(mm)	远光光强(cd)		远光偏移(mm/10m)		近光偏移(mm/10m)
				结果(cd)	评价	垂直	评价　水平	评价　垂直	评价　水平　评价
			左外						
			左内						
			右外						
			右内						
检验结论:									
					检验员签字:			年　月　日	

注:1. 检验数据在"结果"栏填写,合格在"评价"栏划"√",不合格在"评价"栏划"×",无此项目填"/"。
　　2. 制动性能检验选择"台架"或"路试"。路试制动性能采用"制动距离"或"充分发出的平均减速度 MFDD"评价。

复习与思考题

一、简述题

1. 驱动电机的电机故障类型有哪些？分别由什么原因造成的？
2. 电机控制器的维护中应注意的事项有哪些？

二、单选题

1. 驱动电机的故障主要有电机故障和（　　）两种。
   A. 机械故障　　　　　　　　　　　　B. 电气故障
   C. 电机控制器故障　　　　　　　　　D. 传感器故障
2. 电机控制器的检查应在断电的情况下进行，检查周期为至少（　　）1次。
   A. 每1个月　　　B. 每3个月　　　C. 每6个月　　　D. 每1年

三、多选题

1. 下列可能导致驱动电机机械方面的故障的原因有（　　）。
   A. 转速过高　　　　　　　　　　　　B. 笼型转子导条断条
   C. 润滑不充分　　　　　　　　　　　D. 电动机绕组短路
2. 造成驱动电机振动的原因有（　　）。
   A. 逆变器控制原因
   B. 轴承磨损，间隙不合格
   C. 笼型转子导条断条
   D. 铁芯变形或松动

四、判断题

1. 驱动电机通电后，电动机不启动，"嗡嗡"响，应是定子、转子绕组断路所致。（　　）
2. 驱动电机在空载时不能启动，应是电源电压太高所致。（　　）
3. 驱动电机发热冒烟或烧毁，应是润滑脂过多或过少所致。（　　）

案例3　电动汽车动力蓄电池报警的故障案例分析

一、车型故障资料

一辆北汽新能源E150EV电动汽车，在正常行驶情况下，仪表盘突然发出警报提示音，几秒钟以后仪表盘显示红色字体"动力蓄电池故障"，导航面板显示"中度故障请立即安全停车，与车辆授权服务商联系"，同时电动汽车失去动力，加速踏板踩到底也没有任何反应，即车辆无法行驶了。

二、锂离子电池的基本知识

1. 锂离子电池的组成

锂离子电池包括电极、电解液、隔离物和外壳,其基本组成如下图 4-13 所示。

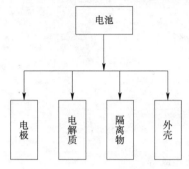

图 4-13　锂离子电池基本组成

2. 锂离子电池的工作原理

锂离子电池的工作原理是指其充放电原理。当对电池进行充电时,电池的正极上有锂离子脱出,脱出的锂离子经过电解液运动到负极。而作为负极的碳呈层状结构,它有很多微孔,到达负极的锂离子就嵌入到碳层的微孔中,嵌入的锂离子越多,充电容量越高,放电则正好相反。

从中可以看出,在锂离子电池的充放电过程中,锂离子处于从正极→负极→正极的运动状态。如果我们把锂离子电池形象地比喻为一把摇椅,摇椅的两端为电池的两极,而锂离子就像优秀的运动健将,在摇椅的两端来回奔跑。所以,专家们又给了锂离子电池一个可爱的名字摇椅式电池。

3. 锂离子电池不能过充放电的原因

这是由于放电时,锂离子不能完全移向正极,必须保留一部分锂离子在负极,以保证下次充电时的锂离子畅通嵌入通道,否则,电池寿命就相当短。为了保证碳层中放电后留有部分锂离子,也就是锂离子电池不能过放电,这就要严格限制放电终止最低电压;同时,根据锂离子工作原理最高充电终止应为 4.2V,不能过充,否则,会因正极材料中的锂离子拿走太多时,造成晶型坍塌,而使电池表现出寿命终结状态。由此可见,锂离子充/放电控制精度要求相当高,既不能过充,也不能过放,否则,都将影响电池寿命,这是由锂离子电池工作机理所决定的。

动力电池系统主要由动力电池模组、电池管理系统、动力电池箱及辅助元器件等四部分组成,如图 4-14 所示。图 4-15 为动力电池组外观和各组成部分名称。

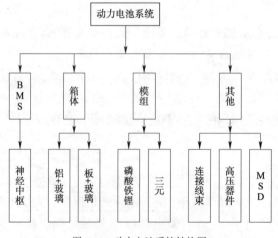

图 4-14　动力电池系统结构图

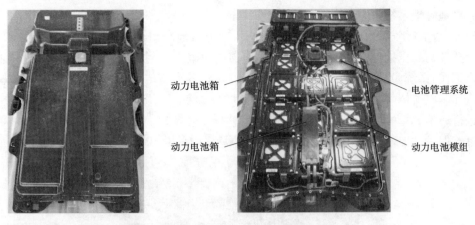

图 4-15 动力电池组外观和各组成部分名称

4. 动力电池组各部分名称及功能

(1) 电池单体:构成动力电池模块的最小单元。一般由正极、负极、电解质及外壳等构成,可实现电能与化学能之间的直接转换。

(2) 电池模块:一组并联的电池单体的组合,该组合额定电压与电池单体的额定电压相等,是电池单体在物理结构和电路上连接起来的最小分组,可作为一个单元替换。

(3) 模组:由多个电池模块或单体电芯串联组成的一个组合体。

(4) BMS 的作用:电池保护和管理的核心部件,在动力电池系统中,它的作用就相当于人的大脑。它不仅要保证电池安全可靠的使用,而且要充分发挥电池的能力和延长使用寿命,作为电池和整车控制器以及驾驶者沟通的桥梁,通过控制接触器控制动力电池组的充放电,并向 VCU(整车管理系统)上报动力电池系统的基本参数及故障信息。

(5) BMS 具备的功能:通过电压、电流及温度检测等功能实现对动力电池系统的过压、欠压、过流、过高温和过低温保护,继电器控制、SOC 估算、充放电管理、均衡控制、故障报警及处理、与其他控制器通信功能等功能;此外电池管理系统还具有高压回路绝缘检测功能,以及为动力电池系统加热功能。

(6) BMS 的组成:按性质可分为硬件和软件,按功能分为数据采集单元和控制单元。

(7) BMS 的硬件:主板、从板及高压盒,还包括采集电压线、电流、温度等数据的电子器件构成。

(8) BMS 软件:监测电池的电压、电流、SOC 值(即剩余电量百分比值)、绝缘电阻值、温度值,通过与 VCU、充电机的通信,来控制动力电池系统的充放电。

(9) 辅助元器件:主要包括动力电池系统内部的电子电器元件,如熔断器、继电器、分流器、接插件、紧急开关、烟雾传感器等,维修插头以及电子电器元件以外的辅助元器件,如密封条、绝缘材料等。

5. 动力电池系统参数说明

动力电池系统的额定电压 = 单体电芯额定电压 × 单体电芯串联数;

动力电池系统的容量 = 单体电芯容量 × 单体电芯并联数量;

动力电池系统总能量 = 动力电池系统的额定电压 × 动力电池系统的容量;

动力电池系统质量比能量 = 动力电池系统总能量 ÷ 动力电池系统质量。

6. 电池管理系统(BMS)的工作原理

动力电池模组放置在一个密封并且屏蔽的动力电池箱里面，动力电池系统使用可靠的高压接插件与高压控制盒相连，然后输出的直流电由电机控制器转变为三相交流高压电，驱动电机工作；系统内的BMS实时采集各电芯的电压、各温度传感器的温度值、电池系统的总电压值和总电流值等数据，时时监控动力电池的工作状态，并通过CAN线与VCU或充电机之间进行通信，对动力电池系统进行充放电等进行综合管理。当前主要车型的BMS系统都具有过充保护功能。图4-16为安装在动力电池总成内部的BMS外观图。

图4-16　安装在动力电池总成内部的BMS外观图

7. BMS(电池管理系统)故障分级与处理模式

三级故障：表明动力电池性能下降，电池管理系统降低最大允许充/放电电流。

二级故障：表明动力电池在此状态下功能已经丧失，请求其他控制器停止充电或者放电，其他控制器应在一定的延时时间内响应动力电池停止充电或放电的请求。

一级故障：表明动力电池在此状态下功能已经丧失，请求其他控制器立即(1S内)停止充电或放电。如果其他控制器在指定时间内未作出响应，电池管理系统将在2s后主动停止充电或放电(即断开高压继电器)。

其他控制器响应动力电池二级故障的延时时间一般少于60s，否则，会引发动力电池上报一级故障。

无论动力电池自身还是电池外电路的高压回路上存在绝缘故障，BMS(电池管理系统)都会上报，并直接导致高压断开，在排查时要先断开动力电池与其他不见的连接，然后用摇表一次测量各部件的绝缘值。建议优先排查方向：高压盒、电机控制器、空调压缩机、PTC。

三、故障成因原理分析

北汽E150EV动力电池系统主要由动力电池模组、电池管理系统(BMS)、动力电池箱及辅助元器件等四部分组成。其中，电池单体是构成动力电池模块的最小单元。由正极、负极、电解质及外壳等构成。电池模块是一组并联的电池单体的组合，该组合额定电压与电池单体的额定电压相等，是电池单体在物理结构和电路上连接起来的最小分组，可作为一个单元替换；模组是由多个电池模块或单体电芯串联组成的一个组合体。如果某个电池单体损坏，就会引起BMS报警。

北汽E150EV轿车采用锂离子动力电池系统，它主要依靠锂离子在正极和负极之间移动来工作。充电时，锂离子从正极脱嵌，经过电解质嵌入负极，负极处于富锂状态；放电时，则相反。锂离子电池根据正极材料的不同,可以分为钴酸锂电池、锰酸锂电池、磷酸铁锂电池和三元素电池。北汽 E150EV 车型大部分采用的是磷酸铁锂电池。磷酸铁锂电池具有很高的安全性及良好的循环寿命,其高温性能较好,但低温充、放电性能较差。在低温时,充电对电池寿命有极大的影响,在低温情况下,其放电容量及放电功率也有所下降,因此,冬季低温时,整车会出现续驶里程低及动力性能下降的现象。

在电动汽车中,电池管理系统 BMS 是电池系统的核心部件,BMS 通过电压、电流及温度检测等功能实现对动力电池系统的过压、欠压、过流、过高温和过低温保护,包括继电器控制、充放电管理、均衡控制、故障报警及处理、与其他控制器通信功能等功能。此外,BMS 电池管理系统还具有高压电路绝缘检测功能,以及为动力电池系统加热的功能。

动力电池模组放置在一个密封并且屏蔽的动力电池箱里面,动力电池系统使用可靠的高低压接插件与整车进行连接。系统内的 BMS 实时采集各电芯的电压值、各温度传感器的温度值、电池系统的总电压值和总电流值,电池系统的绝缘电阻值等数据,并根据 BMS 中设定的数值判定电池系统工作是否正常,并对故障实时监控。动力电池系统也通过 BMS 也使之与充电机之间进行通讯,并对动力电池系统进行充放电等综合管理。如果某个电池单体损坏,就会引起 BMS 报警。

四、排除故障

通过上述分析,以及汽车用户对故障发生时的情况描述,该故障属于二级故障,表明动力电池在此状态下已经丧失功能,请求其他控制器停止放电,其他控制器应在一定的延时时间内响应动力电池停止放电的请求,因此,车辆无法行驶。首先应当使用诊断仪对电池组及电池单体进行检测排查。再对 E150EV 故障汽车进行充电直至充满(有一部分二级故障不影响对动力电池充电),然后用专用故障诊断仪读取电池内部数据,可获得最高和最低单体电压及其序列号,并测得动力电池组内有一个单体电池的最低电压仅为 0.433V,说明该单体电池已经损坏。更换该单体电池,重新充满电,故障排除。图 4-17 是诊断仪器显示的动力电池组各单体电池正常工作数据情况。

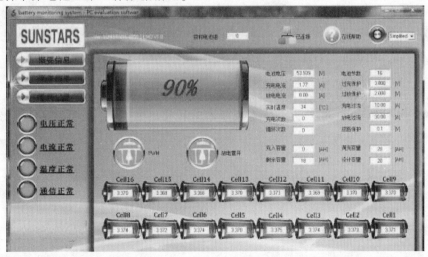

图 4-17　诊断仪器显示的动力电池组各单体电池正常工作数据情况

五、故障再现

使用动力电池实训台或电动汽车整车排故实训系统,可以设置动力电池单体过压、欠压、过流、过高温和过低温故障,也可以设置继电器控制、SOC显示、充放电、故障报警以及与其他控制器通信等故障,实习指导教师可按照电动汽车故障诊断流程进行排故演示并指导学生完成实习实训作业、填制诊断报告。由于动力动力电池系统属于高压部件(320V),在实习实训过程中要严格按照操作规程,做好安全防护。具体技术咨询请联系天津市优耐特汽车电控技术服务有限公司。

复习与思考题

一、简述题

1. 为什么锂离子电池不能过充放电?
2. 电池管理系统(BMS)的作用有哪些?

二、单选题

1. 在锂离子电池的充放电过程中,锂离子处于从(　　)的运动状态。
   A. 正极→负极　　　　　　　　　B. 负极→正极
   C. 负极→正极→负极　　　　　　D. 正极→负极→正极
2. 动力电池组处于一级故障时,如果他控制器在指定时间内未作出响应,电池管理系统将在(　　)后主动停止充电或放电(即断开高压继电器)。
   A. 1s　　　　B. 2s　　　　C. 5s　　　　D. 10s

三、多选题

下列属于动力电池系统的主要组成部分的有(　　)。
A. 辅助传感器　　B. 电池管理系统　　C. 电池模组　　D. 动力电池箱

四、判断题

1. 锂离子电池包括电极、电解液、隔离物。　　　　　　　　　　　　　　(　　)
2. BMS的二级故障是指动力电池在此状态下功能已经丧失,请求其他控制器立即(1s内)停止充电或放电。　　　　　　　　　　　　　　　　　　　　　　(　　)

案例4　电动汽车充电系统的故障案例分析

一、车型故障资料

一辆北汽新能源EV160电动出租车,行驶4万km,在炎热季节空调系统也一直开着,因此,电能消耗比较快,需要频繁充电。在中午最热的时候充电,开始一切正常,可是在充电过程中发现久久不能充满,再查看中央仪表充电指示器,发现没在充电状态。重新连接充电线束接头,情况依旧,即仪表显示电池没有充满,但继续充电再也充不进去电了,紧急将车开到修理厂,连接充电插头也是这种情况。

二、电动汽车充电系统简介

电动汽车充电系统包括慢充和快充两部分,组成主要有车载充电机、高压部件、充电接口和线束。

1. 车载充电机

车载充电机(On-board Charger)相对于传统工业电源,具有效率高、体积小、耐受恶劣工作环境等特点。其功能是将220V交流电转换为动力电池所需的直流电,实现电池电量的补给。图4-18为北汽新能源EV160电动汽车车载充电机外形图。

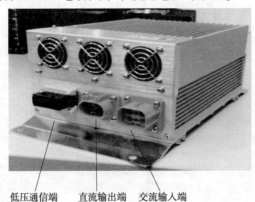

图4-18 EV160电动汽车车载充电机外形图

1)车载充电机接口定义(图4-19)

(1)交流输入端接口定义。

A脚:电源负极,B脚:电源正极,1脚:L(交流电源),2脚:N(交流电源),3脚:PE(车身搭铁),4脚:空,5脚:CC(充电连接确认),6脚:CP(控制确认线)。

(2)直流输出端接口定义。A脚:电源负极,B脚:电源正极。

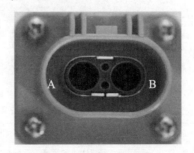

图4-19 车载充电机接口

(3)低压控制端接口定义(图4-20)。

1脚:新能源CAN_L,8脚:GND,9脚:新能源CAN_H,16脚:12V+ IN。

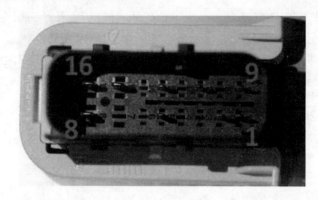

图 4-20　低压控制端接口

2) 车载充电机电路连接图 (图 4-21)

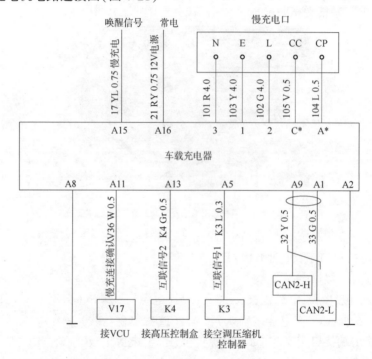

图 4-21　车载充电机电路连接图

3) 车载充电机的工作流程

车载充电机在工作过程中需要协调充电桩、BMS (电池管理系统) 等部件来共同完成。表 4-4 是车载充电机参数表。

车载充电机参数　　　　　表 4-4

项　目	参　数	项　目	参　数
输入电压	220V±15% AC	冷却方式	风冷
输出电压	240~410V DC	防护等级	IP66
效率	满载大于90%		

车载充电机工作流程如下。

(1)交流供电;
(2)低压唤醒整车控制系统;
(3)BMS检测充电需求;
(4)BMS给车载充电机发送工作指令并闭合继电器;
(5)车载充电机开始工作,进行充电;
(6)电池检测充电完成后,给车载充电机发送停止指令;
(7)车载充电机停止工作;
(8)电池断开继电器。

2. 高压部件

充电系统高压部件主要是DC/DC转换器和高压控制盒,DC/DC转换器(DCDC converter)相当于传统汽车的发电机,其功能作用是将动力电池的高压直流电转换为整车低压12V直流电,给整车低压用电系统供电及给铅酸电池充电,图4-22为DC/DC转换器外观图。

图4-22 DC/DC转换器外观图

1)DC/DC转换器接口定义(图4-23)

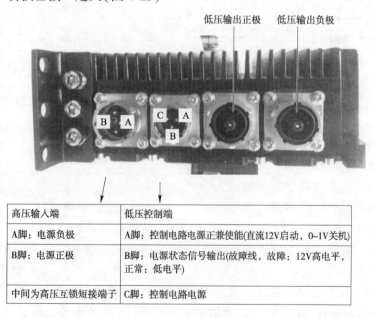

图4-23 DC/DC转换器接口

2) DC/DC 转换器的工作流程

DC/DC 转换器具有效率高、体积小、耐受恶劣工作环境等特点。表 4-5 为 DC/DC 转换器参数表。

DC/DC 转换器参数　　　　　　　　表 4-5

项　目	参　数	项　目	参　数
输入电压	240～410V DC	冷却方式	风冷
输出电压	14V DC	防护等级	IP67
效率	满载大于88%		

3) DC/DC 转换器工作流程

(1) 整车 ON 挡上电或充电唤醒上电；

(2) 动力电池完成高压系统预充电流程；

(3) VCU 发给 DC/DC 变换器使能信号；

(4) DC/DC 变换器开始工作。

3. 充电接口

1) 慢充系统

慢充系统构成简图如图 4-24 所示。

2) 快充系统

快充系统构成简图如图 4-25 所示。

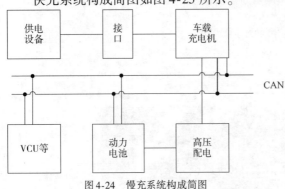

图 4-24　慢充系统构成简图

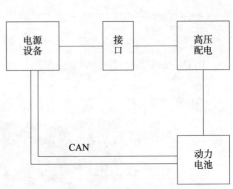

图 4-25　快充系统构成简图

4. 高压线束

各段高压线束介绍

1) 快充线束

连接快充口到高压盒之间的线束。

接整车低压线束各脚定义(图 4-26)。1 脚：A－(低压辅助电源负极)，2 脚：A＋(低压辅助电源正极)，3 脚：CC2(充电连接器确认)，4 脚：S＋(充电通信 CAN-H)，5 脚：S－(充电通信 CAN-L)。

(1) 车载快充接口定义(4-27)。DC－：直流电源负，DC＋：直流电源正，PE：车身地(搭铁)，A－：低压辅助电源负极，A＋：低压辅助电源正极，CC1：充电连接确认，CC2：充电连接确认，S＋：充电通信 CAN-H，S－：充电通信 CAN-L。

单元四 电动汽车故障案例分析

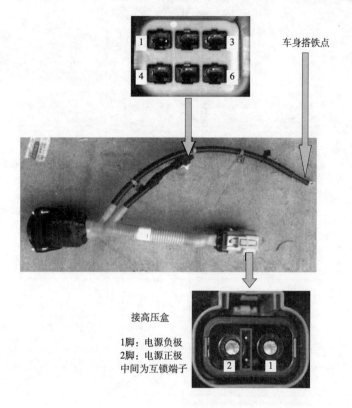

图 4-26 接整车低压线束各脚

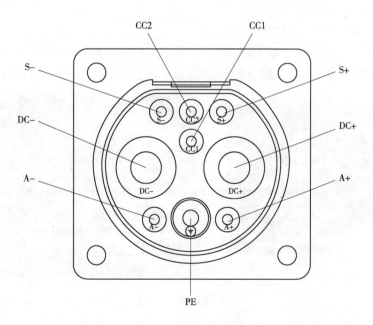

图 4-27 快充接口外形图

(2)非车载充电座。图4-28为非车载充电座电路图。

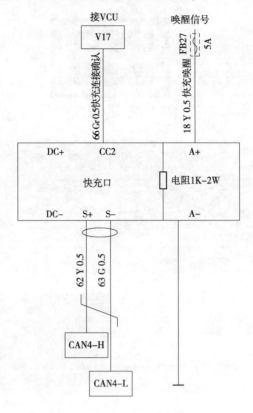

图4-28 非车载充电座电路图

2)慢充线束

连接慢充口到车载充电机之间的线束。

(1)接车载充电机接口定义(图4-29)。1脚:L(交流电源),2脚:N(交流电源),3脚:PE(车身地(搭铁)),4脚:空,5脚:CC(充电连接确认),6脚:CP(控制确认线)。

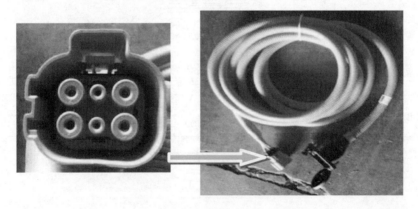

图4-29 接车载充电机接口

(2)慢充口接口定义(图4-30)。CP:控制确认线,CC:充电连接确认,N:(交流电源),L:(交流电源),PE:车身地(搭铁)。

单元四 电动汽车故障案例分析

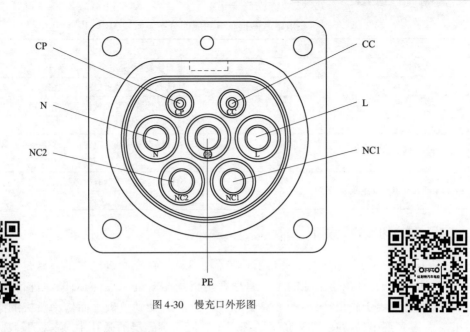

图 4-30 慢充口外形图

三、电动汽车充电系统故障成因分析

除去电池老化原因,电动汽车显示电量不足,但又不能充电主要有两种情况:一种是物理连接完成,已启动充电,但不能给汽车充电。二是充电中途停止充电。根据上述情况,进一步分析以上情况发生的原因和解决办法。

1. 故障状态一

物理连接完成,已启动充电,但不能给汽车充电。原因分析及解决方案见表4-6。

物理连接完成,已启动充电,但不能给汽车充电原因分析及解决方案　　　表 4-6

可能的原因	解决方案
1.动力电池已充满了	动力电池已充满时,充电会自动停止
2.动力电池温度低于 -20℃或是高于65℃	在充电前允许动力电池加热或冷却,将车辆置于温度适宜的环境内,待温度正常后再充电
3.充电电源不正常	确认电源是否已过载保护;选择使用专用的充电电源:220V 50Hz,10A 标准单相两极带接地插座进行充电
4.交流充电连接装置没有正确连接	确认交流充电设备的开关已弹起,注意七芯转七芯电缆的充电设备插头长短不同,连接位置不同
5.车辆或交流充电连接装置有故障	确定组合仪表上有动力系统故障灯点亮,或是有充电系统故障提示语,此时应停止充电,及时与电动汽车授权的服务站联系
6.充电桩或车辆显示有故障	确定组合仪表上有动力系统故障灯点亮,或是有充电系统故障提示语,或是充电桩显示有故障,此时应停止充电,及时与电动汽车授权服务站联系

2. 故障状态二

充电中途停止充电。原因分析及解决方案见表4-7。

充电中途停止充电的原因分析及解决方案　　　　表 4-7

可能的原因	解决方案
1. 电源断电	电源恢复后,充电会自动重新开始充电
2. 充电电缆没有连接完好	确认充电连接装置电缆没有虚接
3. 充电连接装置开关被按下	充电连接装置开关被按下则停止充电,需重新连接充电连接装置,启动充电
4. 动力电池温度过高	组合仪表显示动力电池温度过高报警指示灯点亮,充电会自动停止,待电池冷却后再充电
5. 车辆或充电桩发生故障	确认充电桩或车辆有故障提示,及时与电动汽车授权的服务站联系。

四、进一步诊断分析

动力电池在低于 -20℃ 或是高于 65℃ 温度时,是补充不进电量的。这是由锂离子电池的特性所决定的:锂离子电池的工作原理就是指其充放电原理:当对电池进行充电时,电池的正极上有锂离子脱出,脱出的锂离子经过电解液运动到负极。而作为负极的碳呈层状结构,它有很多细小的微孔,到达负极的锂离子就嵌入到碳层的微孔中,嵌入的锂离子越多,充电容量就越高。但是当温度升高超过 65℃ 时,作为负极的碳层状结构受热膨胀,使微孔挤压封闭,到达负极的锂离子就无法再嵌入到碳层的微孔中,因此,就充不进电了。

根据上述分析,结合故障发生时正值炎热夏季,地表温度都超过 60℃。另一方面,锂离子电池在放点的时候产生热量较少,充电时由于锂离子运动加快,相互摩擦产生热量使电池温度升高,更加剧了故障的严重性。

五、故障排除

通过上述分析,用举升机将车辆举升离开地面,在车底电池和充电口各放置一台工业排风机,使用强风为电池降温。大约 40min 以后,用手摸动力电池外壳感觉不太热了,再连接充电线束,就可以给电池充电了。充电过程中继续使用风扇给电池降温,直至电池充满。

复习与思考题

一、简答题

1. 简述车载充电机的工作流程?
2. 对于电动汽车充电中途停止充电的故障可能的原因有哪些?

二、单选题

1. DC/DC 转换器的输出电压应为(　　)。
   A. 5V　　　　B. 10V　　　　C. 14V　　　　D. 24V。
2. DC/DC 转换器相当于传统汽车的(　　)。
   A. 发动机　　B. 发电机　　C. 变速器　　D. 转向机

三、多选题

电动汽车的动力电池在( )温度时,是补充不进电量的。
A. 低于0℃　　　　B. 低于-20℃　　　　C. 高于105℃　　　　D. 高于65℃

四、判断题

1. 电动汽车充电电源应为220V 50Hz,16A标准单相两极带接地插座。　　　　　　( )
2. 动力电池温度过高时,组合仪表显示动力电池温度过高报警指示灯点亮,充电会自动停止,待电池冷却后再充电。　　　　　　　　　　　　　　　　　　　　　　　　( )

案例5　电动汽车高压互锁的故障案例分析

一、车型故障资料

一辆北汽新能源EV200电动汽车,行驶一万km,在做完正常的例行维护后,插上起动钥匙,驱动电机不上电,车辆无法行驶,中央仪表板显示区显示"高压互锁",连接充电器线束插头亦显示充电系统未工作。

二、电动汽车高压部件简介

前面介绍过电动汽车充电系统主要由车载充电机、高压部件、充电接口和线束组成,而本故障案例显示"高压互锁",则直接与高压部件有关。下面就重点介绍"高压部件"。

1. 高压部件的组成

电动汽车高压部件主要由DC/DC转换器、高压线束、高压控制盒以及附件(空调)组成。

2. DC/DC转换器

DC是直流的意思,DC/DC转换器就是指直流电之间的转换设备,在移动电话、笔记本电脑、摄影机等产品中得到广泛应用,都需将低压直流电压变成高压直流电压,或者将高压直流电压转换成低压直流电压,于是这些设备就需要用到DC/DC转换器。电动汽车上的DC/DC转换器就是将动力蓄电池的高压直流电(320V)转换成低压直流电(12V),供灯光、喇叭、音响等其他用电器使用。DC/DC转换器的工作条件和工作情况判断见表4-8。

DC/DC转换器的工作条件和工作情况判断　　表4-8

DC/DC转换器工作条件	判断DC/DC是否工作的方法
1. 高压输入范围为DC 290 V~420 V	在保证整车线束正常连接的情况下,上电前使用万用表测量铅酸蓄电池端电压,并记录数值
2. 低压使能输入范围为DC 9 V~14 V	整车上电,继续读取万用表数值,查看变化情况,如果数值在13.8V~14V之间,判断为DC工作

3. 高压线束

整车共分为5段高压线束,分别如下。

(1) 动力电池高压电缆:连接动力电池到高压盒之间的线缆。

(2)电机控制器电缆:连接高压盒到电机控制器之间的线缆。

(3)快充线束:连接快充口到高压盒之间的线束。

(4)慢充线束:连接慢充口到车载充电机之间的线束。

(5)高压附件线束(高压线束总成):连接高压盒到DC/DC、车载充电机、空调压缩机、空调PTC之间的线束。

整车高压线束布置位置如图4-31所示。

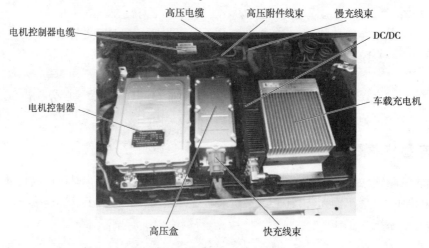

图4-31 整车高压线束布置图

(1)动力电池高压电缆(图4-32)。连接动力电池到高压盒之间的线缆。接高压盒端,B脚位:电源正极,A脚位:电源负极,D脚位:互锁线短接。接动力电池端,1脚:电源负极,2脚:电源正极,中间互锁端子。

图4-32 动力电池高压电缆

(2)电机控制器电缆(图4-33)。连接高压盒到电机控制器之间的线缆。接高压盒端,B脚位:电源正极,A脚位:电源负极,C脚位:互锁线短接,D脚位:互锁线短接。

图4-33 电机控制器电缆

(3)高压附件线束(高压线束总成)。连接高压盒到 DC/DC、车载充电机、空调压缩机、空调 PTC 之间的线束。如图 4-34 所示。

(4)高压附件线束(高压线束总成)。接口如图 4-35 所示。

接高压盒插件,A:DC/DC 电源正极,B:PTC 电源正极,C:压缩机电源正极,D:PTC-A 组负极,E:充电机电源正极,F:充电机电源负极,G:DC/DC 电源负极,H:压缩机电源负极,J:PTC-B 组负极,L:互锁信号线,K:空引。

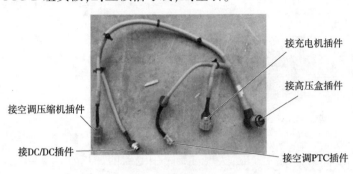

图 4-34 高压附件线束

图 4-35 高压附件线束接口

(5)高压附件线束(高压线束总成)。接口如图 4-36 所示。

接充电机插件(图 4-36a),A:电源负极,B:电源正极,中间互锁端子。接空调压缩机插件(图 4-36b),1:电源正极,2:电源负极,中间互锁端子。

a)

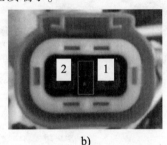

b)

图 4-36 高压附件线束

接 DC/DC 插件(图 4-37a),A:电源负极,B:电源正极,1:互锁信号输入,2:互锁信号输出。接空调 PTC 插件(图 4-37b),1:PTC-A 组负极,2:PTC-B 组负极,3:电源正极,4:互锁信号线。

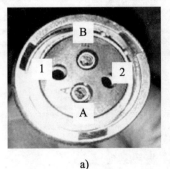

a)

b)

图 4-37 高压附件线束

(6)高压附件线束(高压线束总成):互锁接线原理如图4-38所示。

接高压盒插件

接DC/DC插件

接PTC插件

接充电机插件

接空调压缩机插件

图4-38 互锁接线原理

4. 高压控制盒

高压控制盒是完成动力电池电源的输出及分配,实现对支路用电器的保护及切断功能。图4-39为高压控制盒外观及插座图。

图4-39 高压控制盒外观及插座图

(1)高压控制盒内部结构示意(图4-40)。

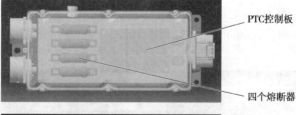

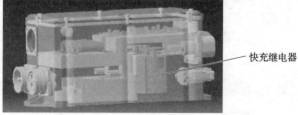

图4-40 高压控制盒内部结构示意图

(2)高压控制盒内部结构——熔断器布置(图4-41)。

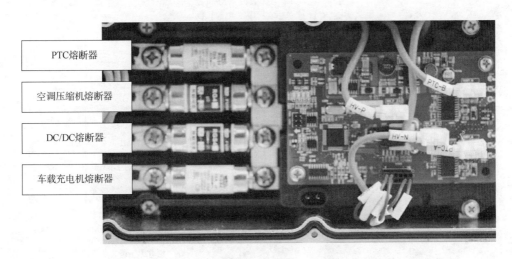

图4-41 高压控制盒内部熔断器布置图

(3)高压控制盒内部原理图(图4-42)。

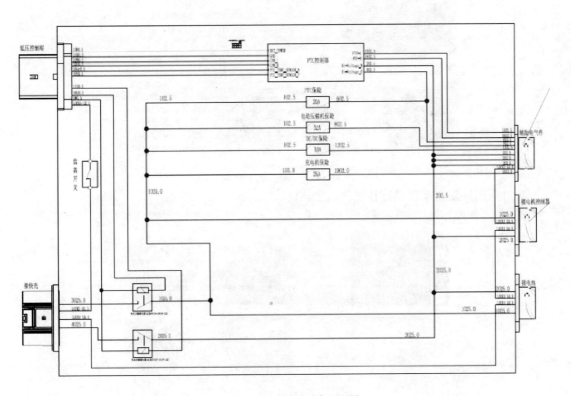

图4-42 高压控制盒内部原理图

(4)高压控制盒外部接口定义(图4-43)。

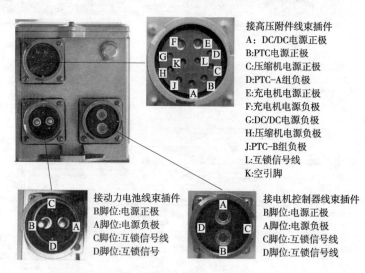

图 4-43 高压控制盒外部接口定义

(5)高压控制盒互锁线路接线图(图 4-44)。

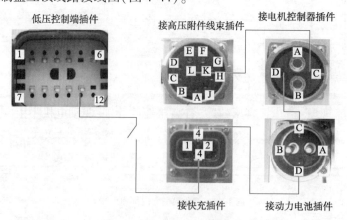

图 4-44 高压控制盒互锁线路接线图

(6)电动汽车高压互锁设计的目的。高压互锁回路(High Voltage Interlock)简称 HVIL,

在电动汽车上设计高压互锁的目的主要由以下几点。

(1) 整车在高压上电前须确保整个高压系统的完整性,使高压始终处于一个封闭环境下工作,以提高安全性。

(2) 当整车在运行过程中,高压系统回路断开或者完整性受到破坏的时候,需要立即启动安全防护功能。

(3) 防止带电插拔高压连接器时,给高压端子造成的拉弧损坏。

在电动汽车制造领域,涉及生产制造和安全性的多项国家标准中,都强制性要求电动汽车必须设计安全互锁功能,以保障乘客和车辆的安全。

三、故障成因分析

电动汽车常见的高压互锁问题主要有以下几个方面。

(1) PTC、DC/DC、高压盒、车载充电机、空调压缩机、PTC 等高低压插件未插。

(2) 上述插接器未插到位。

(3) 插头有缺失或退针现象。

(4) 端子有损坏。

具体故障形式详见图 4-45。

高压插件互锁端子缺失或退针　　高压插件未装配到位　　高压盒盖开关端子损坏

图 4-45　常见的高压互锁故障情况

四、高压互锁故障的分析排查方法

无论哪种品牌型号的电动汽车,根据电动汽车安全性能相关国家标准,以下三种情况都会立即启动高压互锁。

(1) 当 PTC、DC/DC、高压盒、车载充电机、空调压缩机等高低压插件未插或未插到位。

(2) 当整车在运行过程中,只要高压系统回路断开或者完整性受到破坏的时候,就会立即启动安全保护功能。

(3) 在整车维护过程中,为防止带电插拔高压连接器,给高压端子造成的拉弧损坏。

高压互锁故障现象:整车报高压故障,各高压部件互锁,驱动电机不上电。

高压互锁故障产生的一般原因:某个高压插件未插或未插到位造成高压互锁。互锁回路如图 4-46 所示。

如果低压电瓶正负极安装不够紧固,也会发生高压互锁的情况,其现象是全车没电。根据北汽新能源给出的故障数据,插件退针、插接不到位等因素占此类故障的 70%,高压部件内部电气故障(如熔断丝断开)约占 20%,其他原因约占 10%。因此,电动汽车正确的维护作业就显得尤为重要。

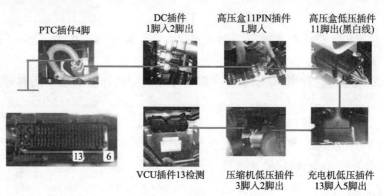

图 4-46　互锁回路图

五、故障排除

按照上述互锁回路图逐项排查高压部件插件接地情况，从 PTC 插件 4 脚开始，当检查到压缩机低压插件时，发现插头没有插到位，将插头插紧，高压互锁随即解除，驱动电机可以上电，故障排除。

六、故障再现

使用高压实验台、电动汽车整车排故实训系统，设置 PTC 插件 4 脚、DC/DC2 脚、高压控制盒低压插件 11 脚、车载充电机 5 脚、空调压缩机低压插件 2 脚、VCU13 针脚任意一个开路故障，均可实现整车高压互锁，驱动电机不能上电，仪表板报警显示"高压互锁"故障发生。指导学生按照上述分析步骤，组向排查并列出检测项目和测试数据，填写《竣工检验单》并存档。若使用"电动汽车整车排故实训系统"和"电动汽车检修教学平台"，计算机系统会自动会对学生的作业情况进行评价判分。

复习与思考题

一、简答题

1. 电动汽车高压部件主要由哪几部分组成？
2. 简述判断 DC/DC 是否工作的方法？
3. 在电动汽车上设计高压互锁的目的是什么？

二、单选题

1. 高压互锁回路的英文缩写为(　　)。
　　A. HVIL　　　　　　　　B. HILV　　　　　　　　C. HVLI　　　　　　　　D. VHIL
2. 下列不属于高压互锁故障现象的是(　　)。
　　A. 整车报高压故障　　　　　　　　　　B. 驱动电机不上电
　　C. 各高压部件互锁　　　　　　　　　　D. 不能充电

三、多选题

以下属于造成高压互锁的原因有(　　)。
A. 高压插件未插　　　　　　　　B. 插接器未插到位
C. 插头有缺失或退针现象　　　　D. 端子有损坏

四、判断题

1. 高压控制盒是完成动力电池电源的输出及分配,实现对支路用电器的保护及切断功能。(　　)
2. 在电动汽车制造领域,涉及生产制造和安全性的多项国家标准中,都推荐性要求电动汽车必须设计安全互锁功能。(　　)